高效班组管理落地方案系列

班组长
现场管理实操手册

郑时勇 主编

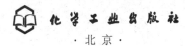

《班组长现场管理实操手册》一书内容涵盖了现场管理概述；现场管理的三大工具；班组长现场管理的基本方法；现场五大要素——4M1E的控制；现场管理的QCDS控制共五个方面的内容。

本书主要阅读人群设定为企业一线班组长，目的在于帮助班组长建立正确的角色认知，掌握全面的班组管理技能，提高其业务水平，促进其职业发展，努力使企业班组长通过培训，在知识、能力和职业道德方面都有较实际、较系统的收获。本书内容在编写方式方法上具有创意，有明确的教学目标，具有适用性、实用性、可读性和启发性等鲜明特色。

图书在版编目（CIP）数据

班组长现场管理实操手册/郑时勇主编．—北京：化学工业出版社，2019.8（2024.2重印）
（高效班组管理落地方案系列）
ISBN 978-7-122-34492-2

Ⅰ.①班… Ⅱ.①郑… Ⅲ.①班组管理-手册
Ⅳ.①F406.6-62

中国版本图书馆CIP数据核字（2019）第089811号

责任编辑：陈 蕾　　　　　　　　　　　　装帧设计：尹琳琳
责任校对：王素芹

出版发行：化学工业出版社（北京市东城区青年湖南街13号　邮政编码100011）
印　　装：北京天宇星印刷厂
710mm×1000mm　1/16　印张12¾　字数236千字　2024年2月北京第1版第3次印刷

购书咨询：010-64518888　　　　　　　　　售后服务：010-64518899
网　　址：http://www.cip.com.cn
凡购买本书，如有缺损质量问题，本社销售中心负责调换。

定　　价：58.00元　　　　　　　　　　　　　版权所有　违者必究

前言
PREFACE

我国是制造业大国,却还不是制造业强国。其中,工匠精神的欠缺是一个非常重要的原因。工匠精神是一种职业精神,是职业素养、职业品格、职业道德、职业技能的综合体现,也是从业者的一种职业价值取向和行为表现。

作为企业最基层的管理者——班组长,就要争做知识型、技能型、创新型带头人,弘扬劳模精神和工匠精神。

班组管理是企业战略落地非常重要的一个环节,因此,越来越多的企业重视班组的管理提升。班组承担着企业日常经营管理最基础的责任,班组强则企业强,班组长对现场人、机、料、法、环等多个方面的综合管理显得尤为重要,因此,要努力提升自身素质水平,提高团队综合竞争力。

发展、创新,对于企业班组长来说,是个挑战。班组长只有不断地学习,不断地培训,才是打造高效基层团队、提升企业生产力的有效途径。班组长是一线员工的直接组织者和指挥者,是上级领导与一线员工之间沟通的主要桥梁。企业的生产能力,很大程度上依赖于一线班组长的管理水平。班组长管理工作质量的高低,一定程度上直接影响着公司或部门的整体进度和经济效益。

随着企业组织的扁平化,班组长发挥作用的领域日益广阔。越来越多的企业领导者意识到优秀班组长建设是提升企业管理效率的重要组成部分,优秀的班组长是企业不可或缺的人力资源。只有抓好班组的精细化管理,才能使班组在企业中发挥出较大化的效能,确保企业制度及目标的有效执行和落实。

企业制定的宏伟战略,最终要由一线员工来实现,而班组长作为一线员工的直接组织者和指挥者,管理能力的高低,直接影响产品质量、成本、交货期、安全生产和员工士气,直接关系到企业的经营成败。因此班组长培训尤为重要。

基于此,我们编写了"高效班组管理落地方案系列"图书,主要阅读人群设定为企业一线班组长,目的在于帮助班组长建立正确的角色认知,掌握全面的班组管理技能，提高其业务水平，促进其职业发展，努力使企业班组长通过培训，在知识、能力和职业道德方面都有较实际、较系统的收获。同时，丛书打破了传统班组长教材纯理论化的呆板模式，采用快餐式、跳跃性、碎片化的阅读模式，以模块化、程序化的方式展开，是企业一线管理人员、班组长、车间主任、新入职的大中专学生及工厂管理培训机构、职业管理院校的参考用书和管理工作指南。

《班组长现场管理实操手册》包括现场管理概述、现场管理的三大工具、班组长现场管理的基本方法、现场五大要素——4M1E的控制、现场管理的QCDS控制共5章内容。

由于编者水平有限，加之时间仓促、参考资料有限，书中难免出现疏漏与缺憾，敬请读者批评指正。

编 者

目录 CONTENTS

第 1 章　现场管理概述 ·· 1

现场管理就是对现场的各种生产要素，如人（操作者、管理者）、机（设备）、料（原材料）、法（工艺、检测方法）、环（环境）、资（资金）、能（能源）、信（信息）等，进行合理配置和优化组合，通过计划、组织、控制、协调、激励等管理职能，保证现场按预定的目标，实现优质、高效、低耗、均衡、安全、文明的生产。

1.1 现场管理管什么 ·· 2
  1.1.1 建立良好的工作环境 ··· 2
  1.1.2 解决现场问题 ··· 2
  1.1.3 消除不利因素 ··· 3
  1.1.4 建立合理的组织机构 ··· 3

1.2 现场管理的五大观念 ·· 4
  1.2.1 品质的观念 ··· 4
  1.2.2 成本管理的观念 ·· 5
  1.2.3 准时交货、提货的观念 ·· 6
  1.2.4 工厂规律生活的观念 ··· 7
  1.2.5 同事是客户的观念 ·· 7

1.3 现场管理的基本法则 ··· 12
  1.3.1 当问题发生时要先去现场 ······································· 12
  1.3.2 检查现物 ··· 12
  1.3.3 当场采取暂行处理措施 ··· 13
  1.3.4 发掘问题的真正原因并将它排除 ······························ 13
  1.3.5 标准化处理以防止问题再次发生 ······························ 13

第 2 章　现场管理的三大工具 ……………………………………… 15

生产现场管理，是要将业务部门提供的生产单上的所有的信息准确、及时地传递给现场员工；在生产过程中，对员工及产品等方面进行有效管理；现场管理要搞好环境清洁，物品摆放有序，要有管理制度，形成一种良好的风气，人人参与管理。

2.1 现场5S管理 …………………………………………………………… 16
2.1.1 整理（Seiri）……………………………………………………… 16
2.1.2 整顿（Seiton）…………………………………………………… 21
2.1.3 清扫（Seiso）…………………………………………………… 27
2.1.4 清洁（Seikeetsu）……………………………………………… 29
2.1.5 素养（Shitsuke）……………………………………………… 32
2.2 目视管理 ……………………………………………………………… 38
2.2.1 目视管理的对象 ………………………………………………… 39
2.2.2 目视管理的要点 ………………………………………………… 39
2.2.3 目视管理的工具 ………………………………………………… 40
2.3 看板管理 ……………………………………………………………… 45
2.3.1 看板使用规则 …………………………………………………… 45
2.3.2 看板类型 ………………………………………………………… 45
2.3.3 看板的编制设计要点 …………………………………………… 48

第 3 章　班组长现场管理的基本方法 ………………………………… 51

一般而言，班组长现场必须管理的事项有生产效率、降低成本、生产安全、人员训练、质量控制等，而要做好管理，必须有一定的方法。"工欲善其事，必先利其器"，班组长想要做好现场管理工作，必须先掌握基本的管理方法。

3.1 PDCA管理法 ………………………………………………………… 52
3.1.1 PDCA循环法的基本内容 ……………………………………… 52
3.1.2 PDCA循环法的基本特点 ……………………………………… 53

3.2 5W2H法 54
3.2.1 5W2H的含义 54
3.2.2 5W2H法自问的顺序及内容 55
3.3 三直三现主义 55
3.4 5个为什么问题解析法 56
3.4.1 就问题点直接发问直接回答 56
3.4.2 问的时候不要只顾责怪别人 57
3.5 8D法 57

第4章 现场五大要素——4M1E的控制 59

为了实现现场管理目标，班组长有必要有效地控制4M1E。4M1E是指Man（人）、Machine（机器）、Material（物料）、Mothod（方法）、Environments（环境），也就是人们常说的人、机、料、法、环现场管理五大要素。

4.1 Man——人的管理 60
4.1.1 现场工作规则的宣导与维持 60
4.1.2 员工的OJT训练 63
4.1.3 新员工的培训 64
4.1.4 进行多能工训练 66
4.1.5 做好岗位交接 67
4.1.6 现场人员的有效沟通 69
4.1.7 如何应对熟练工的辞职 71
4.1.8 生产人员的绩效管理 73
4.2 Machine——班组设备管理 77
4.2.1 设备的安全操作 77
【范本】数控车床操作维护规程 79
4.2.2 设备点检 81
4.2.3 对设备常整顿 83
4.2.4 对设备常清扫 84
4.2.5 对设备常维护保养 85
4.2.6 做好设备交接 90

4.3 Material——物料管理 ·········· 91
  4.3.1 了解生产物料的类型 ·········· 91
  4.3.2 物料的领用 ·········· 92
  4.3.3 物料在现场的放置 ·········· 93
  4.3.4 生产现场中不良物料的处理 ·········· 94
  4.3.5 物料不用时的管理 ·········· 95
  4.3.6 产品扫尾时物料的处理 ·········· 97
  4.3.7 生产中剩余物料的处理 ·········· 98
  4.3.8 生产辅料控制 ·········· 99
4.4 Method——现场工艺的管理 ·········· 102
  4.4.1 领用正确的工艺和技术文件 ·········· 102
  4.4.2 进行工序质量控制 ·········· 105
  4.4.3 加强工艺装备（工装）的现场管理 ·········· 108
4.5 Environments——作业环境改善 ·········· 112
  4.5.1 生产设备的布局 ·········· 112
  4.5.2 工位器具、工件、材料的摆放 ·········· 113
  4.5.3 工作地面要保持良好的状态 ·········· 114
  4.5.4 噪声传播控制 ·········· 116
  4.5.5 光照度 ·········· 117
  4.5.6 确保舒适的温度、相对湿度 ·········· 118
  4.5.7 洁净度 ·········· 121
  4.5.8 员工工位要符合人机工程学 ·········· 125

第 5 章 现场管理的 QCDS 控制 ·········· 127

QCDS 是现场管理的目标，即 Quality（质量），Cost（成本），Delivery（交付期）和 Safety（安全），要求生产现场以优异的质量、最低的成本、最快的速度向用户提供最好的产品，同时要确保生产过程中人、财、物的安全。

5.1 Quality——质量的控制 ·········· 128
  5.1.1 提高班组成员质量意识——第一次就把事情做对 ·········· 128
  5.1.2 严格执行"三不原则" ·········· 132
  5.1.3 首件一定要检验 ·········· 135

  5.1.4 换线质量控制 ………………………………………… 139
  5.1.5 样品管理需做好 ………………………………………… 139
  5.1.6 把握好现场变化点 ……………………………………… 142
  5.1.7 把后道工序当客户 ……………………………………… 144
  5.1.8 现场不良品控制 ………………………………………… 145
5.2 Cost——班组现场成本控制 …………………………………… 147
  5.2.1 节约能源、降低损耗 …………………………………… 148
  5.2.2 开展以旧换新、修旧利废活动 ………………………… 152
    【范本】辅料以旧换新方法说明 …………………………… 153
  5.2.3 消除现场中的浪费 ……………………………………… 154
  5.2.4 严格控制加班费 ………………………………………… 155
5.3 Delivery——交货期管理 ……………………………………… 157
  5.3.1 了解生产计划 …………………………………………… 157
  5.3.2 协调好生产计划 ………………………………………… 159
  5.3.3 处理紧急订单 …………………………………………… 160
  5.3.4 处理计划延误 …………………………………………… 161
  5.3.5 处理生产异常 …………………………………………… 162
  5.3.6 控制生产进度 …………………………………………… 164
  5.3.7 缩短交货期 ……………………………………………… 166
  5.3.8 处理交货期变更 ………………………………………… 167
  5.3.9 处理交货期延误 ………………………………………… 168
5.4 Safety——现场安全管理 ……………………………………… 168
  5.4.1 开好班前安全会 ………………………………………… 168
  5.4.2 召开班后会 ……………………………………………… 172
  5.4.3 关注现场作业环境的安全 ……………………………… 172
  5.4.4 关注员工的状况 ………………………………………… 173
  5.4.5 督导员工严格执行安全操作规程 ……………………… 175
  5.4.6 监督员工严格遵守作业标准 …………………………… 176
  5.4.7 监督员工穿戴劳保用品 ………………………………… 177
  5.4.8 做好交接班工作 ………………………………………… 182
  5.4.9 开展班组安全生产巡查 ………………………………… 185
  5.4.10 加强生产利器的安全管理 …………………………… 190

第1章 现场管理概述

班组长现场管理实操手册

引言

现场管理就是对现场的各种生产要素,如人(操作者、管理者)、机(设备)、料(原材料)、法(工艺、检测方法)、环(环境)、资(资金)、能(能源)、信(信息)等,进行合理配置和优化组合,通过计划、组织、控制、协调、激励等管理职能,保证现场按预定的目标,实现优质、高效、低耗、均衡、安全、文明的生产。

1.1 现场管理管什么

工厂现场一般是指企业的作业场所,在我国工业企业中,习惯于把现场称之为车间、工场或生产第一线。生产现场是指从事产品生产、制造或提供服务的场所,也就是劳动者运用劳动手段,作用于劳动对象,完成一定生产作业任务的场所。

生产现场管理的具体内容如下。

1.1.1 建立良好的工作环境

为现场的作业人员创造一个良好的作业环境是班组长的首要工作,也是生产作业过程中不可缺少的前提条件。创建良好的工作环境,就是将生产中的人员、物资和设备等协调到最佳的状态。

1.1.1.1 人员

对于承担作业任务的员工来说,良好的工作环境对生产有很大的影响,即使是身体不适这样的小问题也可能会造成不良的后果。另外,现场的温度、相对湿度、照明以及其他一些环境因素的好坏也会引起员工在作业时的情绪变化。所以,人员因素是现场管理的重点。

1.1.1.2 物资

作为生产所必需的零部件、原材料等物资,必须随时满足作业需要。如果物资无法及时供应,就会发生停工待料的现象,所以在作业的现场要有适当的物资储备。

1.1.1.3 设备

设备是企业顺利生产的重要因素,要保证设备正常运转,班组长应与设备维护部门协调一致,对设备经常进行保养和维护,有异常就要立即排除,确保设备的完好。

1.1.2 解决现场问题

在生产现场常常会出现各种各样的问题,比如生产设备出现了故障、上下级之间的沟通出现了障碍、新员工缺乏培养、老员工的积极性不高等。面对这些五花八门、层出不穷的问题,作为班组长必须了解,哪些问题需要立即解决、哪些问题可以暂缓解决,这就需要对问题进行全面的分析,根据问题的轻重缓急来进行安排。

1.1.3 消除不利因素

现场管理最基本的活动是为了完成生产任务,设置各个时间段应完成的节点并推进作业的开展。这一过程实际上就是消除各种各样不利因素的过程。抓住妨碍正常生产活动进程的异常原因并采取对策,是班组长的重要任务之一。

异常就是出现同预定的生产活动发生变化的现象,一般来说,异常有以下4种情况。

(1)操作者精神状况差,如身体不适,或遇到不愉快的事情。

(2)材料供应不及时,或用相关材料替代。

(3)作业环境不能满足工艺要求。

(4)工艺方法发生改变。

现场的活动如果按预定的计划顺利进行,产品的品质、成本和供货期等方面都能按计划完成,这是生产的最佳状态,但通常现实中是无法达到的。因为生产现场经常会发生各种变化,班组长及其员工几乎所有的时间都是在应付现场所发生的异常情况,比如员工旷工、设备突然发生故障、出现不良品等。

1.1.4 建立合理的组织机构

有一次,天鹅、兔子和梭鱼三个商量好把一辆大车拖着跑。它们都给自己上了套,拼命地拉呀拉呀,大车却是未动分毫,仍在原处,车子并不算重,那究竟为什么呢?原来,天鹅觉得应该往空中飞,便使劲伸着脖子往云里钻;兔子认为目标就在前方,所以铆足了劲往前跑;梭鱼觉得自己所选的方向也没有错,拼了命地往池塘里靠。

它们三个拉着同一辆车,虽然都很用力,但方向不同、目标各异,把力量都抵消了,怎么能使车子向前走呢?俗话说:"人心齐,泰山移。"团结就是力量,即使现场的每个人都十分优秀,但如果不将他们有机地组合起来,充分发挥集体的力量,是不可能很好地完成任务的。对员工本人来说,如果觉得企业对他没有吸引力,工作枯燥无味,他就会对工作没有干劲甚至想跳槽。一家工厂如果经常地发生人事变动,将会对工厂的发展非常不利。

班组长应掌握其每一位员工的特点,掌握他在现场组织中的工作情况和作用。现场管理的目标是为完成当前和将来的生产任务,所以,必须建立起合理有效的现场管理组织机构,发挥现场所有员工的智慧和力量,向着共同的奋斗目标而努力。

1.2 现场管理的五大观念

对工厂而言，现场是产品制造的基本场所。虽然现场作业的内容因各家工厂的生产内容与设备状况的不同，而有重视个人作业或重视团体作业的区分，但基本上的作业应该是不会有所改变的。换句话说，以一个作业而言，一定会具备何时（日程）、何物（品质问题）、何人（成本管理问题）三要素，而这三个要素看似很简单，其实却是现场管理的关键。

因此，如果要成为一个最优秀的生产班组长，首先要将品质、日程、成本三个要素，做好充分的认识方可。而做好充分认识品质、日程、成本三要素工作的基本条件，又在于要求每一位现场员工要确实遵守工厂所规定的原则，与牢牢记住为客户服务的基本精神。

生产现场管理有五大观念，如图1-1所示。

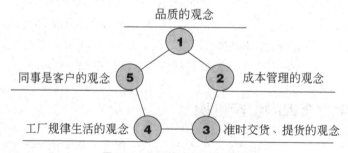

图1-1 现场管理的五大观念

1.2.1 品质的观念

假设你现在要选购一台电冰箱，相信你一定会先对各种品牌的电冰箱作一番调查分析，比如对各品牌电冰箱的精度、构造、外观、品质、价格、耗电量、各种功能等一一作比较。为了吸引顾客、满足顾客，"信用第一""维护企业的名誉"的经营法，是自古以来商人必守的信念，只要工厂想永远地发展，这个经营法就是不可欠缺的信条。

作为班组长，必须全力地去关心自己工厂的产品，在品质保证工作上，严加留意，并在品质提高工作上，集中精力，寻求改善。这种提高产品品质的工作，需要以具体的行动来表现，一切依照设计图纸、作业标准来生产制品，这看似非常简单且很基本的道理，却是非常重要的，一般的工厂作业人员，虽然都很了解，却又经常疏忽它。实际上，如果产品的品质无法保证的话，生产出来的产品绝对会存在许多不良品，这些不良品对工厂的影响，轻者增加生产成本，重者影响作业工程或使作业工程停顿。

在工厂的员工当中，常存在着这样一个观念，认为自己的一点点小错误，不可能会产生大影响，而且就算会产生影响，在那么多的工程步骤中，也不会发现是谁做错的。岂不知员工的一点点小错误所产生的不良品在流到消费者手中时，对工厂所造成的影响可能是——"信誉受损""产品逐渐销不出去""工厂面临危机""员工面临失业"，这是工厂倒闭的基本形式。走到这种地步时，工厂与员工都会面临极大的打击。所以大家在平时就应多费一点工夫，牢牢遵守着每个作业程序与品质的基准，这样生产出来的产品，不但都能符合要求，更能降低生产成本，增加工厂对外的竞争能力。

以下提供一个案例，通过这个案例，相信大家都应该知道一点点小错误会产生多么大的影响。

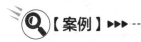

2003年8月14日下午4时30分左右，美国的纽约、底特律、克里夫兰和加拿大的多伦多、渥太华等城市的电力供应突然中断。这是北美历史上最严重的一次断电事故，此次停电覆盖面积达9300平方公里，5000万人受到不同程度的影响，损失惨重。

美国纽约经历了36小时因断电事故造成的交通瘫痪。纽约、底特律、克里夫兰以及加拿大多伦多和渥太华的机场因停电至少取消了1200个航班。电力短缺还给水处理工厂造成供水紧张，停电造成电视信号中断，甚至影响到美国东岸的无线网络系统失效。《华尔街日报》报道说，此次停电影响数百万人。据美国经济学家估计，这次美国历史上最大的停电事故所造成的经济损失每天可能多达300亿美元，给美国公司造成了40亿～100亿美元的经济损失，而加拿大2003年8月的国内生产总值也因停电下降了0.7%。

通过美加联合小组的调查发现，北美历史上最大规模断电事故的直接原因竟是一些长得过分茂密的树木，是这些树木造成了俄亥俄州克里夫兰附近的电线短路！对于美国的电力部门来说，是完全能够在线网的日常维护中及早注意到这样的细节问题，避免这样巨大的损失的。

1.2.2　成本管理的观念

成本的降低才是企业竞争的第一条件。

在制造优良品的同时，也要考虑生产价格低廉、能为顾客接受的产品，这是工厂对顾客（消费者）提供的最基本服务，也是企业对社会所做出的贡献。

制造低成本制品的第一步，是严格遵守生产时间的问题，如果生产时间不能遵守，不但不能如期交货，更会因为毁约而被要求赔偿。赔偿金也是成本之一，如果再加上因生产时间的延长所带来的薪资增加（如加班费等），都足以使生产成本大幅提高，这也就是经营者、管理者为何对生产时间的管制要求那么严格的理由。在这一举手一投足都足以提高生产成本的状况下，如果想要做到降低成本，就一定要先从遵守生产时间做起。

当然，影响生产成本的，不只限于生产时间，一般的材料费、加工费、各种经营费等，都包含在生产成本之内的。而生产低价格且优良产品的条件，就是要完全达到预先所拟订的计划水准，能达到预先计划水准的，表示生产成本完全在控制之下进行。另外一点，除了要能按计划进行之外，更要积极地在各生产过程中，考虑如何才能降低生产成本。这种积极的精神，也是真正做好成本管理的最重要条件。因此，对于下列的要素，一定要想办法去达成。

（1）每日不要只想能安全渡过就可，而要积极地随时留意自己身边的事物。
（2）积极地清除无谓的浪费。
（3）从各方面来考虑如何降低生产成本，提高产品的竞争能力。
（4）严格遵守生产时间与生产基准。

1.2.3 准时交货、提货的观念

货品的拖欠使商品价值降至零。

或许你也有向商店订东西的经验，平时我们购买东西时，万一遇到东西缺货，在万不得已的情形下，只有向商店订货。当店主向你保证这一两天一定会将预购的货品送达之时，相信在这一两天当中，你会以愉快的心情来期待着货品的送达。但在过了约定的时日，仍不见预购货品送达时，你将有什么样的反应呢？任何一件商品，尽管品质再好、价格再低廉，在约定的期间内如果无法如期交货，商店或工厂的信誉将大受影响。同样，制造日程的严守与准时交货的确保，对工厂、商品而言，都是非常重要的问题。

当然，生产的工程内容，将因产品的种类而有所不同，大致可分为长期的工程及短期的工程两类。一般的长期工程，由于时间较长，中间如发生什么问题，也较容易调整，但有一点必须特别留意，那就是在生产工程接近完工阶段所发生的迟延或大错误，也往往是无法补救的。因此，各个部门在接受工作之时，一定要把各阶段的工作日程，确实地掌握好，也只有在各个部门、各个作业人员都能将自己的工作日程完全控制好之后，才能使最终的交货期限得以确保，如此也不会对其他部门造成困惑。

原本生产日程的维持，并非只是负责生产部门的问题，材料、零件、图纸等部门也有着很大的关联，因此生产班组长也需对其他部门的作业管制多加以留意。

1.2.4　工厂规律生活的观念

规律就是防止浪费、不合理与不匀称。

一家工厂，从工厂的经营理念、"厂训"开始，有着如纪律规定、作业规定、任务执行要点、安全卫生规则等各式各样的规定，而这些规定，就是要使员工有基本规则可循，进而有秩序、有规律地进行工厂生活，这也是工厂为了能圆满完成任务，而要求每一个员工必须相互理解、相互调整彼此的工作步调。

每件工作都有着各式各样的处理方法，而最重要的方法，就是要研究如何以最安全、最有效率的方式来进行作业，这个最安全、最有效率的工作方式也就是"作业基准"。工作无法依照作业进行时，作业就无法圆满地被执行。相应的，员工的受伤、材料或零件的浪费、机器及工具的破损，也会相继地发生，甚至产品的品质不佳、制造时间拖延、员工精神疲惫等不良结果，都会因而发生，进而大大地增加了产品的生产成本。作业基准是将作业的基本顺序以及注意事项加以规定，是工厂员工必须切实地深入了解并严格地加以奉行的准则。如果因原材料或机械设备的缘故而无法进行正常作业的话，员工也须立即与直属上司联络，即使员工自己有极佳的改善方法，也须经过上司同意之后再进行，千万不可自作主张，任意改变现场的作业基准。

1.2.5　同事是客户的观念

客户是指商务交易活动中，支付报酬购买产品或接受服务的一方。在生产现场的各项活动中，通常将后工序也定义为自己的客户。

【案例】

上海通用汽车公司不是通过最后检验找出缺陷，而是强调对过程的重视，通过保证每个环节的工作质量来保证最终质量。上海通用的质量管理实行"三不主义"，即"不接受、不制造、不传递"缺陷。工人在生产的过程中发现问题时，有权拉响警示系统停止生产线，有权拒收有问题的零部件，而没权把工作中的缺陷传递到下道工序。这使上海通用汽车公司有另外一条更为紧密的小"客户链"在内部流动：各个工位之间互为客户和供应商的关系，作为客户，可以不接受自己的供应商，即上一道工序的缺陷，同时，作为下一道工序的供应商，必须提供质量合格的产品。

许多人认为朝夕相处的同事"不都在一家厂里工作吗？哪有什么客户不客户的。"

一直在生产现场工作的人员，往往这样认为，客户是营销部门要负责的事，离自己很遥远，跟现场没有什么关系。还有的人只把上司（老板）看作是唯一的客户，只有上司的话才听，只有上司的指示才执行，全然不理会其他部门（个人）的要求。

而一直在间接部门工作的人更容易产生另一种错觉，只认识那些由总经理陪着、在工厂里面走来走去的客户，从来就没有想到生产现场也是自己的客户。

1.2.5.1　不把同事当客户会产生哪些问题

如果不把同事当客户，可能会产生以下问题。

（1）各部门或人员之间争相推卸责任，争吵远远多于合作。假如生产现场内某材料用到最后时发现来料少了，该怎样处置问题呢？每个部门都有一大堆自己的理由。如下例。

【案例】▶▶▶

IQC：我们只是负责品质，并不负责数量，应该由资材部负责。

资材部：收货时只是抽检而不是全检，哪有那么多人手来点数？除非现场借人还差不多。

生产管理者：我们只负责计划，谁知道你们的物流是怎么流的！

采购员：东西都快用完了，让我怎么追货啊？

技术员：如果技术员连这个都做了，那还能叫技术吗？

班组长：反正东西是不见了，又不是我们搞丢的！你问我是哪一批货？谁知道！

QA：谁说过品保要负责数量的？

这样小小的一件事，足可以看出各个部门没有谁是后工序、谁是谁的客户的观念，就更没有服务的想法。

（2）主次颠倒，间接部门比直接部门清闲自在。技术部门解析不良品可以不受时间限制，实在弄不明白时，就说"设计不行、材质不行、偶发现象……"总之，就是不提自己能力欠佳。行政、总务、报关、生管、营销、人事、财务等部门则从来都是把生产现场当作管理对象来看待的，生产现场要是填错一张表格、输错一组数据，轻则一顿臭骂，重则拒收打回。

间接部门反而变成了最重要的部门，于是人们理所当然地认为QCD（Quality，

Cost，Delivery）是间接部门"管"出来的，而不是直接部门做出来的。

（3）经营管理决策缓慢，越高层人员工作越忙。出了"三不管"的问题后，每个部门都竭力在上司面前巧妙地为自己的行为辩解，都期待上司公正的裁决。为了弄清谁是谁非，上司往往需要花费大量的时间，等到弄清后，最佳决策时机已经失去了。一次裁决只能解决一个问题，而新的问题发生后，一切又如此重演。

1.2.5.2　把同事当客户的好处

把同事当客户会有以下好处。

（1）建立全员确保QCD体制需要。有的人误以为产品的QCD［Q——质量（Quality）；C——成本（Cost）；D——交货期（Delivery）］只是生产现场的事，只要生产抓紧了，什么都好办。其实QCD绝不是一个部门就能承受的。若设计本身就存在不可弥补的缺陷，若采购零件延迟交货，若人事部门尽招一些"生手"回来，若技术不能及时解决不良问题……无论如何生产，都不会有好产品的。

工厂所拥有的每一份资源、每一个人的活动，无不是和产品的QCD直接或间接相关的，每一项业务、每一道工序只有确实做到符合标准要求，最终的结果才有可能符合总的标准要求。

（2）制定部门工作优先顺序需要。建立了同事是客户的关系后，就不能只按自己部门的意志行事，而要将客户的要求摆在第一位。也就是说，每道工序（即各个部门或个人，下同）能否存在，要视其能否满足后道工序的需求。每一道工序不仅要完成自己的任务，还要让后道工序满意。

（3）建立和谐的人际关系需要。许多工厂管理体制上缺少"同事也是客户"的服务思想，极少有工厂会去宣传、教育每个部门、每个人都善待后道工序，要满足后道工序（部门、个人）的需要，因此，每当需要配合完成某一事项时，很少替对方着想。

明明是自己应该做的事，却要向后道工序说："我帮你搞定某某某！""做是没问题，不过你得跟我的上司说！""你们不会自己做吗？"这样，肯定不会有和谐的人际关系。

1.2.5.3　把同事当客户的实施原则

（1）百分之百确保工序的质量、数量、交货期。

（2）后道工序有权拒收来自前道工序的不良品。

1.2.5.4　把同事当客户的实施要点

（1）每道工序须做好的事。每道工序要做好以下事项：

——十分熟悉本工序（部门）所担负的责任范围。这要求详细阅读和理解"岗位说明书""标准作业书"里的规定。

——经常站在后道工序的立场来思考和行动。比如,某道工序在生产过程中,不慎造成一些毛屑、油污黏附在材料上,即使"标准作业书"中没有规定要清扫,也要想到这会给后道工序造成麻烦,因此就必须完全清除干净后才能交至后道工序,而不能抱着逃避态度,视而不见,或者是抱着侥幸心理,等到后道工序投诉了才去处理。当然,如果后道工序先发现该问题的话,有权要求前道工序来选别、清洁,或以良品替换等,否则不予接收。

——了解后道工序的作业内容。找后道工序要一两个样品,看看本工序产品所处的结构位置;有机会多到后道工序走走看看(拜访客户),了解第一手资料。

——明确与后道工序的联络途径,必要时建立直接"窗口"。

——确实进行信息的反馈和前馈工作。信息必须及时、高精确度地发出,要有文字或其他可查阅物件留底。对中间工序来说,信息的前馈和反馈同等重要。

——制定良品的判断标准,且设有样品,随时可查。前道工序有权要求后道工序设定接收样品,或制定某一接收判定标准。如果对后道工序的指责存有疑问时,可以持该样品与后道工序共同探讨解决方法。

——加强自我检查。按后道工序的接收标准来检查,随时将变更内容反映到检查中。

(2)妥善处理客户(同事)的投诉。投诉是指客户就商品或服务中存在的缺陷,向其提供者表达不满,也有人称之为"怨方""抱怨""不满",处理方法见表1-1。

表1-1 处理客户(同事)投诉的方法

序号	方法	内容
1	明确前后工序之间具体的投诉途径	出了问题找谁、通知方法是口头的还是书面的、回签期限是多久等,问题要事先确定,否则,到时找不到人、办不了事,肯定会引起"二次投诉"的发生,而"二次投诉"投诉的不仅是产品QCD问题,还有前道工序的工作态度问题
2	排除潜在的投诉	(1)不要等到后道工序来投诉了才忙着采取对策,要设法排除、预防可能产生的各种投诉 (2)每次出货都征询一下前一批货的结果,纵使前一批货有问题,见你主动前来询问,后道工序一般都会打消向上报告的念头,退让一步 (3)多到后道工序走走看看,留意后道工序的需求变化情况,如果不了解后道工序的需求情况,就不能适时应变 (4)尽可能为后道工序提供技术帮助,有一些本工序才有的特殊专业技术,后道工序并不了解,在他们有困难之时提供援助,往往能赢得好感,即使投诉,也不会过分

续表

序号	方法	内容
3	将投诉内容进行分析和统计，找出原因，并研究对策	可每周统计投诉信息，并根据原因制定改善对策
4	确定责任范围	（1）明确本工序所担负的责任范围，按"标准作业书"的要求，或者上司的指示，或者事先与其他工序（部门）达成的协议进行 （2）如果是"灰色地带"（管理体系无明确定义该谁负责），则要双方共同商议，通过行政手段加以明确 （3）分清自己的责任还是他人的责任，自己责任的话，立即查明原因，采取对策，他人责任的话则再向前道工序反馈 （4）超出责任范围时，请求上司指示：有些他人责任的项目虽然在本工序也可以采取对策，但鉴于成本或责任方面的考虑，是否在本工序进行要由上司定夺
5	立即进行投诉处置和制定防止再发对策	（1）先向后道工序道歉：若真是本工序的错误，由于你的道歉，后道工序会认为你态度诚恳，不会过分为难于你 （2）确定处理先后顺序：有时候，不良品的发生呈现到处都有的局面，此时要征得后道工序的同意，定出优先处理的顺序 （3）投诉的基本对应手法：返工、选别、追加工、良品替换、配对投放、限定条件使用、增加检查工序等 （4）将原因及对策方法写成书面报告，通知后道工序，以挽回不良影响，增加对本工序的信心 （5）处理后的产品标示清楚后重新放入后道工序，并连续跟踪确认3～5批的效果如何
6	做成"投诉处理报告"向客户及上司报告并存档留底	（1）将来龙去脉简明扼要地写好，尤其是造成错误的原因和对策方法要写清楚，是对是错要有个结论，不能模棱两可，否则报告就言之无物 （2）列明处理投诉所造成的损失，如花费的工时（日程）、金钱（成本）等 （3）必要时亲自向客户递交"投诉处理报告"，并视情况向上司口头再次报告 （4）向客户递交"投诉处理报告"时，对策方案应正在或即将实施
7	定期确认不良品有无再发	同样条件下不允许连续发生同样的错误，如有，则说明对策不尽彻底，再发时，后道工序就会开始怀疑你的敬业态度有问题，就会在上司面前狠狠告你一状，使你有口难辩

1.3　现场管理的基本法则

在生产现场，当一个问题发生时，首先，班组长必须依照现场现物的原则，详细观察问题；其次，必须找出问题的原因；最后，在确定解决问题的方式有效果之后，必须将新的工作程序予以标准化。因此，生产现场管理的基本法则具体如图1-2所示。

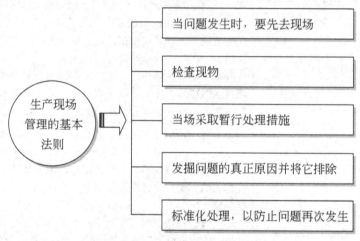

图1-2　生产现场管理的基本法则

1.3.1　当问题发生时要先去现场

对于班组长而言，其所有工作都是围绕现场进行的。当问题发生时，第一件要做的事就是去现场，因为现场是所有信息的来源。班组长必须能够随时掌握现场第一手的情况，并将它当作例行事务。问题发生后，班组长应当立即到现场去，观察事情的进展，并及时处理或向上级报告。

1.3.2　检查现物

在现场详细检视后，应多问几个"为什么"，并尽量寻找解决问题的方法。有经验的班组长应当能够确认出问题产生的原因，而不用各种复杂的仪器去检测。比如，对于刚产出的一个不合格的产品，可将其握在手中，去接触、感觉并仔细地调查，然后再去看看生产的方式和设备，便可确定出产生问题的原因。

1.3.3　当场采取暂行处理措施

认定了问题产生的原因，班组长可以当场采取改善措施。如工具损坏了，可先去领用新的工具或使用替代工具，以保证作业的继续进行。但是，暂时的处置措施，仅是排除了问题的现象，并没有找到工具被损坏的真正原因，这就要求班组长必须去核查实物。

1.3.4　发掘问题的真正原因并将它排除

如果班组长善于当场审查问题，90%的现场问题都能立即被解决。发掘现场原因的最有效方法之一，就是持续地问"为什么"，直到找到问题的原因为止。当然，对于复杂的问题，光靠问"为什么"不一定能彻底解决，还要追根溯源，找到问题产生最根本的原因。

1.3.5　标准化处理以防止问题再次发生

班组长现场管理的任务就是实现企业生产的QCD。不过，在现场里每天都会发生各式各样的异常现象，有不合格品、机器故障、生产未达标及员工迟到等。不管什么时候，问题发生了，班组长就必须去解决。为防止问题再因同样的理由而发生，改善后的新的作业程序就必须予以标准化，接着就要开始"标准化→执行→核查→处置"的循环，否则，班组长就会像消防员一样，到处忙于"灭火"，疲于奔命。因此，现场管理的第五项法则，也是最后一项就是"标准化"。

第2章 现场管理的三大工具

班组长现场管理实操手册

引言

生产现场管理，是要将业务部门提供的生产单上的所有的信息准确、及时地传递给现场员工；在生产过程中，对员工及产品等方面进行有效管理；现场管理要搞好环境清洁，物品摆放有序，要有管理制度，形成一种良好的风气，人人参与管理。

2.1 现场5S管理

5S是指整理(Seiri)、整顿(Seiton)、清扫(Seiso)、清洁(Seiketsu)、习惯(Shitsuke),因其日语的拼音都是"S"打头,故简称"5S"。5S起源于日本,旨在通过规范现场、现物,营造一目了然的工作环境,培养员工良好的工作习惯,提升员工的人格素养。

2.1.1 整理(Seiri)

整理是指将工作场所内的物品分类,把不要的物品坚决清理掉,腾出更大的空间,防止物品混用、误用,创造一个干净的工作场所。整理的操作步骤如图2-1所示。

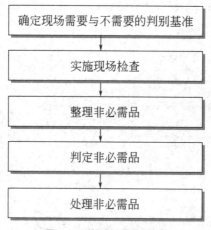

图2-1 整理的操作步骤

2.1.1.1 确定现场需要与不需要的判别基准

进行整理,首先要根据情况,分清什么是需要的物品、什么是不需要的,分清物品使用频率,按层次规定的位置放置。现场需要与不需要物品的判别基准见表2-1。

表2-1 现场需要与不需要物品的判别基准

序号	物品类别	判别基准
1	工具	当前不用就是不需要,不用的工具应当收到工具箱里
2	材料、半成品	当前不用就是不需要,不需要的材料应当放到规定地点

续表

序号	物品类别	判别基准
3	设备	（1）常用但当前不需要的小型设备：可就近放到指定地点 （2）不常用的小型设备：不需要 （3）报废的设备：不需要
4	无用的包装箱（袋）、垃圾、废品	不需要
5	个人生活用品	不需要

对于现场不需要的物品要坚决清理出生产现场。对于车间里各个工位或设备的前后、通道左右、厂房上下、工具箱内外，以及车间的各个角落，都要彻底搜寻和清理，达到现场无不用之物。如图2-2至图2-4所示。

图2-2 对现场进行清理（一）

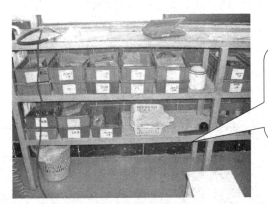

图2-3 对现场进行清理（二）

图2-4 对现场进行清理（三）

2.1.1.2 实施现场检查

接下来就是要做好地面、天花板、工作台、办公区、仓库等区域的检查工作，具体的检查内容见表2-2。

表2-2 现场检查的主要内容

场所	内容
地面（尤其要注意死角）	（1）推车、台车、叉车等搬运工具 （2）各种良品、不良品、半成品、材料 （3）工装夹具、设备装置 （4）材料箱、纸箱、容器等 （5）油桶、漆罐、油污 （6）花盆、烟灰缸 （7）纸屑、杂物
工作台	（1）破布、手套等消耗品 （2）螺丝刀、扳手、刀具等工具 （3）个人物品、图表资料 （4）余料、样品
办公区域	（1）抽屉和橱柜里的书籍、档案 （2）桌上的各种办公用品 （3）公告板、海报、标语 （4）风扇、时钟等
天花板	（1）导线及配件 （2）蜘蛛网 （3）尘网 （4）单位部门指示牌 （5）照明器具等

续表

场所	内容
墙上	（1）标牌、指示牌 （2）挂架、意见箱 （3）吊扇、配线、配管 （4）蜘蛛网
仓库	（1）原材料、辅助材料 （2）呆料 （3）废料 （4）其他非材料的物品
室外	（1）废弃工装夹具 （2）生锈的材料 （3）自行车、汽车 （4）托板 （5）推车、轮胎

2.1.1.1.3 整理非必需品

整理非必需品的原则是看该物品现在有没有"使用价值"，而不是原来的"购买价值"，同时注意以下事项。

（1）整理前须考虑的事项。

——考虑为什么要清理以及如何清理。

——规定定期进行整理的日期和规则。

——在整理前要预先明确现场需放置的物品。

——区分要保留的物品和不需要的物品，并向员工说明保留的理由。

——划定保留物品安置的地方。

（2）对暂时不需要的物品进行整理时，应进行认真的研究，判断这些保留的物品是否有保留的价值，并弄清保留的理由和目的。当不能确定今后是否还会有用时，可根据实际情况来决定一个保留期限，先暂时保留一段时间，等过了保留期限后，再将其清理出现场。

物品的放置判断见表2-3。

表2-3 物品的放置判断

使用次数	判断基准
一年没用过一次的物品	废弃放入暂存仓库
也许要使用的物品	放在工作区附近
三个月用一次的物品	放在工程附近
一星期用一次的物品	放在使用地
三天用一次的物品	放在不要移动就可以取到的地方

2.1.1.4 判定非必需品

判定一个物品是否有用,并没有一个绝对的标准,有时候是相对的。有些东西是很容易判定的,如破烂不堪的桌椅等,而有些则很难判定,如一些长期库存的零部件。

(1) 非必需品的判定步骤。

——把那些非必需品摆放在某一个指定场所,并在这些物品上贴上红牌。

——由指定的判定者对等待判定的物品进行最终判定,决定其应卖掉、重新使用、修复还是修理等。

(2) 非必需品判定者。由于工厂里需要进行判定的对象物很多,并且有可以判断的和难以判断的物品,为了高效地完成判定工作,可以根据对象物的不同分层次确定相应的判定责任者。

——一般物品。由班组长初步判定,主管最终判定。

——零部件。由主管初步判定,经理最终判定。

——机器设备。由经理初步判定,总经理最终判定。

非必需品也可以统一由推行委员会来判定,还可以设计一个有效的判定流程,由各个不同部门对各类物品进行判定。

对于非必需品的判定,要注意:对那些贴有非必需品红牌的物品,要约定判定的期限,判定的拖延将影响5S活动的进行,最好是要迅速进行判定;当那些贴有非必需品红牌的物品被判定为有用的时候,要及时向物品所属部门说明判定的依据或理由,并及时进行重新安置和摆放。

2.1.1.5 处理非必需品

对贴了非必需品红牌的物品,企业必须一件一件地核实现品实物和票据,确认其使用价值。若经判定,某物品被确认为有用,那么就要揭去非必需品红牌;若该物品被确认为非必需品,则企业应该具体决定处理方法,填写非必需品处理栏目。一般来说,对非必需品有如图2-5所示的四种处理方法。

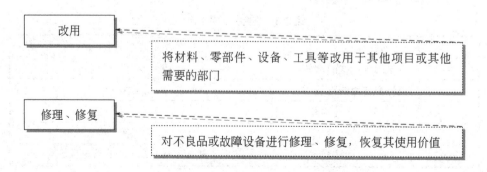

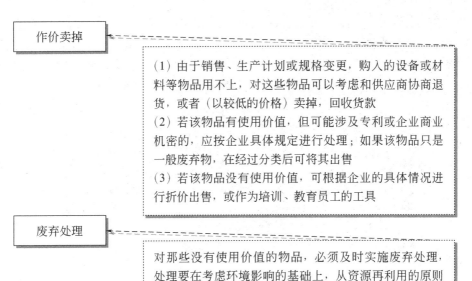

图2-5 非必需品的四种处理方法

2.1.2 整顿（Seiton）

整顿就是把必要的东西按规定位置摆放整齐，并做好标示进行管理。通过前一步整理后，班组长对生产现场需要留下的物品进行科学合理的布置和摆放，以便用最快的速度取得所需物品，顺利地完成作业。整顿的步骤如图2-6所示。

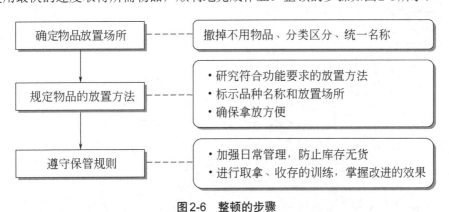

图2-6 整顿的步骤

2.1.2.1 确定物品放置场所

（1）撤掉不用物品。撤掉不用物品的标准：减少50%库存量，车间里（岗位上）原则上一种物品只留1个，其他的一律清理掉。

（2）分类区分。接下来就是要分类区分物品的放置场所，要求近处只放必需的物品。室内的整体布局应该是：使用次数多的放在门口附近，重的物品放在容易搬运的地方。这种分类区分法就是符合系统规律性的分类法。如图2-7所示。

图2-7　物品归类放置

（3）统一名称。现场使用、保管的物品名称要统一。在撤掉不用物品时，往往会在数量、名称问题上，意外地发现许多没有名称、名称重复或没有具体名称等问题，因而有必要统一名称。

2.1.2.2　规定物品的放置方法

（1）研究符合功能要求的放置方法。

——符合功能要求就是要考虑物品怎样放置才能在质量上、安全上、效率上都没有浪费或徒劳。

——在质量上，特别要注意品名统一。

物品的定位放置如图2-8、图2-9所示。

图2-8　对设备进行四角区域定位

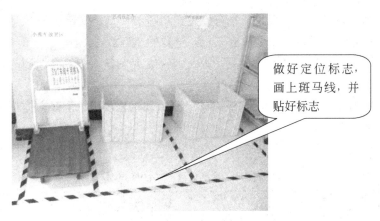

图2-9 物品的画线定位

——对形状、品名、号码相似的物品要放得距离远一些,或放一个样品以便识别,或者用不同的颜色和形状来区分防止出错。

——把阁板的仓库号码作为后背号填在品名上。

（2）标示品种名称和放置场所。

——物品一定要填上名称,固定位置对号入座。如图2-10所示。

图2-10 物品贴签标示

——物品的名称和放置场所的名称都必须明确。

——标示放置场所,固定物品的存放位置。

——物品和放置场所两者的配套名称,在物品和仓库上都加以标注,放置方法的标示工作才算完成。

（3）确保拿放方便。

——名称标示好了,放置位置也已固定下来,就要想办法画个指示地图,以便能够顺利地找到存放地方,而不至于迷惑。

——备件可以按功能保管，也可以按产品别或车间别保管。
——放置场所的高度，要考虑安全，把重的东西放在下面。
——取拿方便或工作容易的适宜高度是：备品为从人们的膝盖到头部为宜；工作用工具类，从腰到肩的高度为宜。
——放置场所要充分利用建筑物的面积，同时也要考虑取拿方便和物品质量方面的要求。

物品放置方法的要点见表2-4。

表2-4 物品放置方法的要点

序号	要点	具体操作要领
1	画线和定位标志	（1）现场的整顿首先要对通道和区域进行画线，标明定位，当然，最重要的原则是要有利于作业的合理布局（如图2-11、图2-12所示） （2）布局应以直线、直角、垂直、平行为原则 （3）主通道和副通道画线的宽度和颜色也可以不同 （4）限制物品摆放的高度也很重要，它有助于防止物品掉下来、倒下来或库存过多
2	台座阁板、台车等	（1）减少台座和阁板的使用数量，物品放在台座和阁板上，不用的撤掉或收起来 （2）台座和阁板高矮不一样时，下面需要适当垫一下，摆成几层高度 （3）台座或阁板不直接放在地上，用东西垫起来 （4）尽量少用吊车和叉车而使用台车效率高
3	管线	（1）管线要离开地面，要防止打捆、摩擦和振动，要保持直线、直角和松散的状态 （2）不在地下埋线，全部在地上用垫子垫起来或者一根一根分别用不同的种类、号码、颜色来区分，以防止出错，还要考虑布局的合理
4	工具	（1）在设计上、维修上不考虑使用工具 （2）减少工具的使用次数，比如螺栓种类减少了，就可以少用扳手 （3）工具要放在取拿方便的地方 （4）按照使用顺序摆放工具 （5）拿取工具不用改换姿势马上就能工作 （6）工具挂起来松开手就能恢复到原来的位置
5	刀具	（1）不能搞错品名，保管场所要具备不至于掉齿、损坏、生锈、弄脏的条件 （2）减少库存数量 （3）把刀具立起来保管，从安全上考虑一定要戴上套
6	耗材	（1）耗材要在固定场所存放，分好类，并规定数量和位置，超过规定的数量就应视为异常，另行管理 （2）耗材必须按"先进先出法"使用

续表

序号	要点	具体操作要领
7	备品	（1）备品的保管，可以考虑保存双份或确定最低库存量 （2）保管中的东西要保持使用的状态，如有污垢、伤痕、生锈等要有明确地标示
8	润滑油、动作油等油脂	（1）减少和合并油种名称，以减少种类 （2）按颜色管理 （3）集中管理、分开标志管理，都要遵守规定的保管场所、数量和规则 （4）根据油种和注油口的形状准备好用具 （5）对防火、公害、安全方面都要考虑周到 （6）改进注油方法和延长注油周期
9	计测器具、精密贵重工具等	（1）计测器具、精密贵重工具等，实行专人管理 （2）对日常保管用的容器以及放置方法要下功夫研究
10	大物品	（1）对大、重的物品要研究符合它的形状和使用方法，以正确地保管和搬运 （2）对安全钢丝绳和扫除用具的各种容器和放置方法都要下功夫研究
11	小物品、消耗品等	（1）作为经常储备品，要做好订货管理 （2）属于散落部品，要防止在生产线上飞散和落下 （3）像弹簧那样缠绕的东西、垫圈那样不好拿的东西，要少量保管
12	表示、布告、文字、条件表、图纸、黏胶带	（1）不要随处张贴布告、图纸等文件，要规定张贴的地方范围 （2）布告要写上期限，没有期限的不能张贴 （3）黏胶带的痕迹要擦干净 （4）贴纸时上面的高度要对齐

各种成品用箱子装起来，进行标示，并按序摆放

图2-11　按序摆放物品并标示

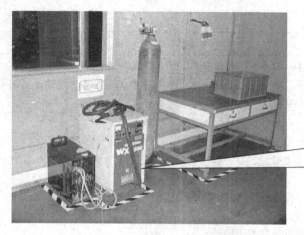

图2-12 采用全格法定位机器

（采用全格法将机器定位，是一种很直观的整顿方法）

2.1.2.3 遵守保管规则

（1）加强日常管理，防止库存无货。

——放置场所要明确标明库存无货、未退货或丢失等状况。

——为了补充库存，对物品达到最低库存量时的订货起点要明确标示或运用颜色区别。

——搬运物品要用专用的台车，通用零件和专用零件要分别搬运，使用容易移动和容易作业的台车。

（2）进行取拿、收存的训练，掌握改进的效果。整顿就是为了避免取出、收存浪费时间的活动，一定要掌握改进的效果，因此可以开展取出、收存的比赛活动。如图2-13所示。

图2-13 物料摆放改善后的效果

（物料摆放有序，让人一目了然）

2.1.3 清扫（Seiso）

接下来要对工作场所和设备进行清扫。清扫就是将不需要的物品清除掉，把工作场所打扫得干干净净，设备维护认真、仔细、到位。清扫的操作步骤如图2-14所示。

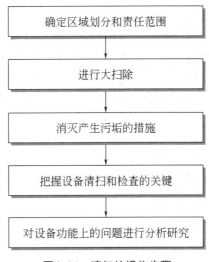

图2-14 清扫的操作步骤

2.1.3.1 确定区域划分和责任范围

（1）明确个人分担的区域和5S小组共同分担的区域，由一个人领导，共同负责。

（2）不可忘记实行值班制度。

（3）按车间、区域，每天安排值班人。

（4）每个人分担的范围用区域责任表示。如图2-15所示。

图2-15 区域管理人看板

2.1.3.2 进行大扫除

（1）大扫除的注意要点。

——注意高空作业的安全。

——爬上或钻进机器时要注意。

——使用洗涤剂或药品时要注意。

——使用錾凿工具或未用惯的机器时要注意。

——扫除时要注意，不要因使用洗涤剂不当而使设备生锈或弄坏设备。

（2）消除有问题和损坏地方。检查的对象是建筑物、屋脊、窗户、通道天棚、柱子、管路线路、灯泡、开关、台、棚架、更衣室、外壳盖的脱落或破损以及安全支架和扶手的损坏等，要采取措施彻底解决这些问题以及长锈、脱落、杂乱等问题。

2.1.3.3 消灭产生污垢的措施

不能从根源上消灭污垢的原因如下。

（1）不了解现状、不认为是问题、问题意识淡薄。

（2）对产生的根源未着手解决，对问题放任不管。

（3）清扫困难或对保持清洁感觉困难而灰心。

（4）解决的技术办法不足或因未动脑筋而缺乏技术。

消灭产生污垢的措施程序如图2-16所示。

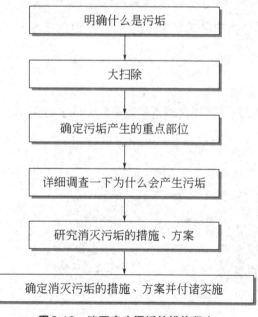

图2-16 消灭产生污垢的措施程序

2.1.3.4 把握设备清扫和检查的关键

通过对设备、工具的清扫、检查可以排除小毛病（设备5S）。

（1）事先进行技术教育。设备的清扫、检查要从设备内部着手，这样可以发现许多问题。若不进行技术教育，效果不会很好，问题可能发现不了。

清扫和检查的教育内容如下。

——学习相关设备的功能、结构等。

——掌握机械各部分的知识。

（2）防止设备磨损损耗。设备的各个部位都应该清扫、检查（如图2-17所示），关键的是要防止设备磨损损耗，所以应对设备的污垢进行清扫的同时，还要对设备进行缺油注油、松动扭紧和发热的温度管理。

图2-17 做好设备清扫工作

2.1.3.5 对设备功能上的问题进行分析研究

为彻底解决设备功能上的问题，应认真思考以下问题，并寻求解决对策。

（1）为什么这个地方重要。

（2）为什么忽视了而未管。

（3）如果这样下去可能会发生什么问题、会有什么影响，要从原理和机制上考虑。

（4）为什么未能早发现问题，如何才能做到及早发现问题。

（5）为何成了这个样子。

2.1.4 清洁（Seikeetsu）

清洁就是将整理、整顿、清扫实施的做法制度化、规范化，维持环境整洁卫生。具体可运用目视管理法。

2.1.4.1 检查清扫结果

清扫结束后,进行清扫结果的检查,主要是为了确定清扫的内容与目的是否达到,以及清扫是否彻底。如图2-18、图2-19所示。

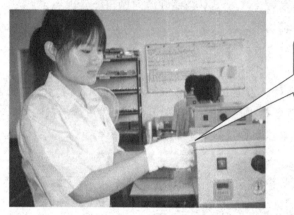

图2-18 白手套检查法

> 白手套检查法,方便又准确

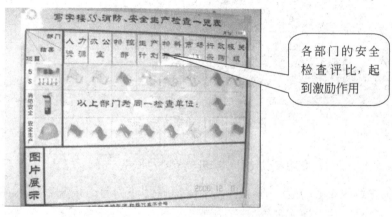

图2-19 安全检查评比看板

> 各部门的安全检查评比,起到激励作用

2.1.4.2 目视管理

(1)目视管理的重点。目视管理的重点是明确以下问题。

——管什么、看什么;管理的要害地方在哪儿。

——什么现象算异常,其判断标准是什么。

——能觉察出异常来吗,用什么工具检查,检查的窍门和方法是什么。

——怎样进行活动;应急处理、改进和保持的方法是什么。

(2)目视管理要达到的目的。

——迅速快捷地传递现场的信息。如图2-20、图2-21所示。

图2-20 空调送风目视管理

图2-21 玻璃门目视管理

——形象直观地将潜在问题和浪费现象都显现出来,即使是新员工也可以和老员工一样,一目了然地就知道,就明白问题在哪。

2.1.4.3 保持清洁的制度化——一起搞3分钟5S

(1)全员一起行动在短时间内搞好5S。全员一齐行动非常重要。

(2)把时间划分段落也很重要。时间划分可以短一些,定时搞5S,如在开始工作前、工作结束时、周末、月末和完工时搞"1分钟5S""3分钟5S"或"30分钟5S"等。如图2-22所示。

(3)一起活动对质量、安全检查也有作用。每天只要一起进行几次质量检查、安全检查,就可以大量减少失误。

图 2-22 下班前 5 分钟活动

2.1.5 素养（Shitsuke）

素养就是培养文明礼貌习惯，让每个员工都自觉遵守各项规章制度，养成良好的工作习惯，做到"以厂为家、以厂为荣"。如图 2-23 所示。

图 2-23 认真工作的氛围

2.1.5.1 素养实施的要点

（1）为使员工养成良好的素养，需要明确规定员工的行动准则。

（2）对员工开展培训，使其掌握正确的方法。

（3）组织全员参加素养教育活动。

（4）每个人都养成对自己的行为负责的性格，以语言表示，每天行动。上级发现不好的行为立即纠正。

（5）每个人养成良好的习惯，从而形成有纪律的车间。

（6）集中全员的力量形成向心力，发挥更大的力量。

2.1.5.2 核对确认表上规定的事情是否得到遵守

班组长要经常进行巡查，巡查时要参照表2-5、表2-6的检查内容，来核查员工是否达到标准，若有差异，要按标准来进行纠正，使其达标。

表2-5 现场5S检查项目及标准

序号	检查项目	检查内容	分值	评分
1	地面标志	地面通道有标志	1.5	
		地面通道标志明确	1	
		地面涂层没有损坏	1	
2	工位器具	工位器具上无灰尘、油污、垃圾等	1.5	
		工位器具上存放的零件与工位器具相符合	1.5	
		现场无损坏的工位器具	1	
		工位器具上存放的零件数与工位器具设计存放零件数相符	1	
		工位器具上存放的零件按要求存放	1	
		工位器具摆放整齐	1.5	
3	零件	零件放置于工位器具上，无直接放于地面的情况	1.5	
		非工位上的零件的检验状态有标志	1.5	
		工位上的不合格件有明显标志	1.5	
		现场的不合格件在规定3日内得到处理	1.5	
4	工作角	班组园地内的桌椅清洁	1	
		工作角内物品摆放整齐	1.5	
		工作角内的物品损坏及时修理	1	
		班组园地使用的桌椅放于工作角	1	
5	目视板	班组有目视板	1.5	
		目视板表面干净，无灰尘、污垢、擦拭不干净的情况	1	
		目视板完好无损	1	
		目视板牌面整洁，完好无损，有破损时及时更换	1.5	
		目视板有栏目，内容丰富	1	
		目视板牌面信息合宜，及时更换	1.5	
		目视板有责任人	1	
		目视板定置或放于规定位置	1.5	
		部门及车间有目视板台账	1	

第2章 现场管理的三大工具

33

续表

序号	检查项目	检查内容	分值	评分
6	工具箱	工具箱清洁	1.5	
		工具箱上或下无杂物	1	
		工具箱内有物品清单并物单相符	1.5	
		箱中物品摆放整齐，取用方便	1.5	
		工具箱损坏及时修理	1	
7	厂房内空间	窗台、窗户玻璃干净，无灰尘、蛛网等	1.5	
		厂房墙壁、立柱上无乱贴、乱画或陈旧标语痕迹	1	
		厂房四壁干净，无积灰	1	
		厂房内无漏雨或渗水	1	
		厂房内物流通道、安全通道畅通无阻	1.5	
8	现场区划	定置线内有定置物	1	
		现场设置不同状态件存放区域或区域有标志，标志明确	1.5	
		现场存放的件与区域标志一致	1	
9	垃圾及清运	工位上的包装垃圾放于指定的垃圾箱	1.5	
		垃圾箱（桶）内垃圾在限度范围内	1	
		垃圾箱放于规定的位置	1.5	
		工业垃圾和生活垃圾分开存放	1.5	
10	作业文件	无过期的或者不必要的文件	1.5	
		文件按规定的位置摆放	1	
		文件摆放整齐	1	
		文件清洁，无灰尘、脏污	1	
		文件完整，无撕裂和损坏现象	1.5	
11	设备	设备没有损坏或松动	1.5	
		设备按规定位置存放	1.5	
		设备干净，无漏油现象	1	
		设备上无杂物	1	
12	工作台	工作台清洁，无积尘、油污	1.5	
		工作台按规定位置摆放	1	

续表

序号	检查项目	检查内容	分值	评分
12	工作台	工作台上物品摆放整齐	1.5	
		工作台没有杂物	1	
13	库房	库房有定置图	1	
		物资按定置图规定定置摆放	1.5	
		物资有标志且标志明确	1	
		物资摆放整齐	1	
		物资摆放在规定的架、箱、柜、盘等专用或通用器具上	1.5	
		仓储物资清洁,无积尘或蜘蛛网	1	
14	工装	工装的使用和保存方法正确	1.5	
		工装放在指定的位置	1	
		工装清洁,无脏痕	1	
		工装没有损坏	1.5	
		工装上无杂物	1	
15	照明	照明设备干净,无积尘	1.5	
		照明设备完好无损	1	
16	水、电、气等各种线管	使用过程中,无污脏	1	
		无跑、冒、滴、漏等损坏或连接松动	1	
17	生活卫生设施	更衣室整洁、无污脏	1	
		更衣室内物品按规定位置有序摆放	1	
		卫生间清洁,无异味	1	
		洗手池清洁,无异味、污垢等	1	
		卫生间内无杂物	1	
		清洁用具放于指定的位置	1	
18	人员素养	员工现场无打闹现象,举止文明	1.5	
		员工说话有礼貌,语言文明	1.5	
		遵守工艺规程,按操作规程操作	1	
		按规定佩戴劳保用品	1.5	

注:评分时完全达标得满分;不符合项出现一处扣1分,扣完为止。

表2-6 5S个人日常检查标准

部门：　　　　　　　员工姓名：　　　　　　　评分日期：

序号	项目	细目	要　　求	分值	评分
1	地面	表面	保持清洁，无污垢、碎屑、积水、异味等	2	
			地面无跌落零件、物料等	2	
			地面无破损，画线、标志清晰无剥落	2	
		通道	区画线清晰；无堆放物；保持通畅	2	
		耗材	定位放置，无杂物，摆放整齐无压线	2	
			堆叠不超高；暂放物有暂放标志	2	
			分类摆放在定位区内，有明显标志	2	
			包装箱标志清楚，标志向外，无明显破损及变形	2	
			周转箱保持干净，呆料及时处理	2	
			暂时放于指定区域外要按暂放要求操作，并指明责任人	2	
			合格与不合格品区分明确	2	
		货架	有架号分类及管理标志，无多余标贴	2	
			料卡相符	2	
		推车叉车	定位放置，标志明确	2	
			保持清洁，无破损，零配件齐全	2	
		专门区域	专门区域有明显标志，无其他物品；地面干净无积水	2	
		清洁用品	按要求整齐摆放，保持用品本身干净完好	2	
			及时清理垃圾筒，拖把拧干	2	
		垃圾	按有价垃圾与无价垃圾分类	2	
2	墙、天花板	墙面	保持干净，无非必需品；贴挂墙上的物品应整齐合理	2	
		门、窗	玻璃干净、无破损，框架无灰尘	2	
			无多余张贴物，铭牌标志完好	2	
		公告栏	有管理责任人，干净并及时更新，无过期张贴物	2	

续表

序号	项目	细目	要求	分值	评分
2	墙、天花板	开关、照明	明确控制对象标志,保持完好状态	2	
			干净无积尘;下班时关闭电源	2	
		天花板	保持清洁,无蛛网、无剥落	2	
3	设备、工具	外观及周边环境	保持干净,无卫生死角	2	
			明确管理责任人,辅助设施或工具定位	2	
		使用、保养、点检	标志清楚(仪表、阀门、控制面板、按钮等),明确控制对象和正常范围	2	
			实施日常保养,保持完好状态,无安全隐患,使用完毕及时归位	2	
			设备点检表及时正确填写	2	
			设备故障要有故障牌及禁用标志	2	
4	工作台、办公桌	桌面	保持干净清爽,无多余垫压物	2	
			物件定位、摆放整齐,符合摆放要求	2	
		抽屉	物品分类存放,整齐清洁;公私物品分开放置	2	
		文件	分类存放,及时归档;文件夹标志清楚,定位明确	2	
		座椅	及时归位;椅下地面无堆放物	2	
5	电源插座		保持干净、无破损,随时保持可用状态	2	
6	箱、柜	表面	眼观干净,手摸无尘;无非必需品;明确管理标志	2	
		内部	资料、物件、工具,按要求分类存放,有分类标志	2	
			保持清洁,有工具存放清单、合适放置位与容器	2	
		备品	分类摆放整齐,保证安全存量	2	
7	危险品		存放于指定区域,有明显警示标志,保持隔离放置	2	
			明确管理责任人,保持整齐、干净	2	

注:评分时完全达标得满分;不符合项出现一处扣1分,扣完为止。

班组长要积极组织员工参加工厂的有关素养的各种活动，使员工的5S活动形成习惯。

2.2 目视管理

目视管理是利用形象直观、色彩适宜的各种视觉感知信息来组织现场生产活动，达到提高劳动生产率目的的一种管理方式。其目的是：以视觉信号为基本手段，以公开化为基本原则，尽可能地将管理者的要求和意图让大家都看得见，借以推动看得见的管理、自主管理、自我控制。如图2-24至图2-26所示。

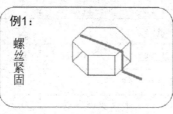
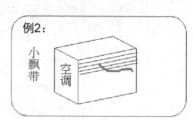

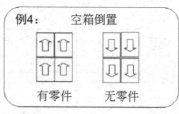

图2-24　目视管理示例

图2-25　温度指示目视管理

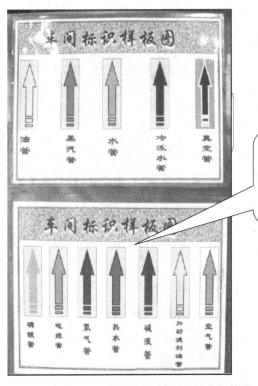

图2-26 管道标识目视管理

（专门将各种管道进行颜色标示管理，任何人一看就明白）

2.2.1 目视管理的对象

构成工厂的全部要素都是其管理对象，如服务、产品、半成品、原材料、零配件、设备、工装夹具、模具、计量器具、搬运工具、货架、通道、场所、方法、票据、标准、公告物、人、心情等。

2.2.2 目视管理的要点

2.2.2.1 异常方面

无论是谁都能判明是好是坏（异常）。

2.2.2.2 精度方面

能迅速判断，精度高。

2.2.2.3 结果方面

判断结果不会因人而异。

2.2.2.4 人员方面（作业员）

现场里的公布栏，可以张贴出谁已接受过何种工作训练，谁还需要再施以其他的训练。"标准化"即是用来规定正确的工作方法之用。比如，作业要领书及作业标准书都必须陈列出来。

2.2.2.5 机器方面

机器上附有自动化及防错装置，一有错误发生时，机器能立即自动停止下来。当管理人员看到一部停下来的机器时，必须知道为什么。润滑油的液位、更换的频率和润滑油的类别，都必须标示出来。金属外盖应改为透明式外盖，当机器内部发生故障时，才能使作业员看得见。

2.2.2.6 材料方面

将附有证明最少库存数量的看板附挂于产品的批量上，作为前后流程之间生产指令的沟通工具，就可使异常现象看得见。物料储存的位置要标示出来，并且要标明库存数量水准及料号。可以用不同颜色做区分，用以防止失误。可以利用信号灯或蜂鸣器，突显异常现象，如供料短缺。

2.2.2.7 方法

督导人员如何知道作业员的工作方式是否正确？将作业标准书张贴在每一个工作站上就清楚了。这些标准书上要注明工作的顺序、周期时间、安全注意事项、质量查核点，以及变异发生时，要如何处置。

2.2.2.8 测量

量规上必须清楚标示出正常的作业范围。感温贴纸要贴在发动机上，以感测出是否产生过热的现象。

现场里要挂出趋势图、提案建议件数、生产进度、质量改善目标。

2.2.3 目视管理的工具

目视管理的主要工具如下。

2.2.3.1 红牌

红牌，适宜于5S中的整理，是改善的基础起点，用来区分日常生产活动中非必需品，挂红牌的活动又称为红牌作战。

2.2.3.2 看板

看板是使用的物品放置场所等基本状况的标示板。它包括物品的具体位置在哪里、是做什么的、数量多少、谁负责,甚至说谁来管理等重要的项目,让人一看就明白。

2.2.3.3 信号灯或者异常信号灯

在生产现场,第一线的管理人员必须随时知道,机器是否在正常地开动,是否在正常作业,信号灯(如图 2-27 所示)是工序内发生异常时,用于通知管理人员的工具。信号灯的种类如下。

信号灯,有绿、黄、红三种颜色,不同颜色显示不同的状态

图 2-27　信号灯目视管理

(1)发音信号灯。适用于物料请求通知,当工序内物料用完时,或者该供需的信号灯亮时,扩音器马上会通知搬送人员及时地供应。

(2)异常信号灯。用于产品质量不良及作业异常等异常发生的场合,通常安装在大型工厂的较长的生产、装配流水线上。一般设置红或黄这样两种信号灯,由员工来控制。当发生零部件用完、出现不良产品及机器的故障等异常时,往往影响到生产指标的完成,这时由员工马上按下红灯的按钮,等红灯一亮,生产管理人员和厂长都要停下手中的工作,马上前往现场,予以调查处理,异常被排除以后,管理人员就可以把这个信号灯关掉,然后继续作业和生产。如图 2-28 所示。

绿色,正常运行;黄色,等待运行;红色,故障停机 不管是谁,远远一看就知道设备处在什么状态

图2-28 各颜色信号灯亮起代表的信号

(3)运转指示灯。检查显示设备的运转状态、机器开动、转换或停止的状况,停止时还显示它的停止原因。

2.2.3.4 警示灯

警示灯就是用灯光色彩表示某种状态的发光器具,常用的有信号灯、指示灯、报警灯等,主要用途是将现场的异常情况告知管理者或监视人员。警示灯通常用如下不同颜色的灯光表示特定的意思。

红灯:表示情况危急或停止状态。

绿灯:表示情况允许或正常状态。

黄灯:表示有异常情况,需要引起注意或尽快采取措施。

白灯:一般表示检验状态,较少用。

蓝灯:表示特殊控制状态,一般专门使用。

灯灭:表示警示系统停止工作或故障。

2.2.3.5 操作流程图

操作流程图,是描述工序重点和作业顺序的简明指示书,也称为步骤图,用于指导生产作业。在一般的车间内,特别是工序比较复杂的车间,在看板管理上一定要有个操作流程图。原材料进来后,第一个流程可能是签收,第二个流程可能是点料,第三个流程可能是转换或者转制,这就叫操作流程图。如图2-29所示。

2.2.3.6 反面教材看板

反面教材看板就是结合现物(不良品)和柏拉图(不良原因分析图)的展示板,就是通过不良品的展示,让现场的作业人员明白知道不良的现象、原因及后

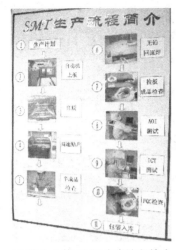
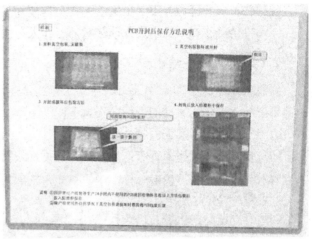

(a) 某企业的 SMT 生产流程简介　　(b) 某个产品的使用说明以图文的形式贴在看板上

图 2-29　操作流程图

果。反面教材看板通常放在显著位置，让人一看就明白，这是告诉工作人员如何正常使用设备，或不能违规操作。

2.2.3.7　提醒板

提醒板的目的是用于防止遗漏。健忘是人的本性，不可能杜绝，只有通过一些自主管理的方法来最大限度地减少遗漏或遗忘。比如有的车间内的进出口处，有一块板子，注明今天有多少产品要在何时送到何处，或者什么产品一定要在何时生产完毕，或者有领导在下午两点钟有一个什么检查，或是某某领导来视察，这些都统称为提醒板。一般来说，用纵轴表示时间，横轴表示日期，纵轴的时间间隔通常为 1 小时，一天用 8 个小时来区分，每一小时就是一个时间段，记录正常、不良或者是次品的情况，让作业者自己记录。提醒板一个月统计一次，在每个月的例会中总结，与上个月进行比较，看是否有进步，并确定下个月的目标，这是提醒板的另一个作用。

2.2.3.8　区域线

区域线就是对半成品放置的场所或通道等区域，用线条把它画出，主要用于整理与整顿、异常原因、停线故障等，是目视管理的工具之一。

2.2.3.9　警戒线

黄色的警戒线通常用来表示某种特定区域或提示该处所的异常、有危险，要求工作人员要提高警惕性谨慎作业。

（1）生产运作警戒区：表示该区域不能擅自进入。

(2) 物料放置区域界限：提醒工作人员摆放物品时不要越界。

(3) 安全警戒线：提示进入该区域的工作人员要特别注意安全。

2.2.3.10 红色禁止

红色表示禁止，即工作人员的活动、行为或生产中的某种状态等到此为止，不能再继续下去了。常用的表示类别如下。

(1) 不符合要求的任何物品或状态。

(2) 最大（小）极限标志，如高度、重量、长度等极限量。如图2-30所示。

(3) 封锁或禁止使用的区域、物品。

(4) 被隔离的区域。

(5) 存在危险的区域。

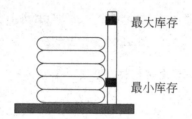

图2-30 最大库存、最小库存的示意图

2.2.3.11 告示板

告示板是一种及时管理的道具，也就是公告，比方说今天下午两点钟开会，告示板就是书写这些内容的。如图2-31所示。

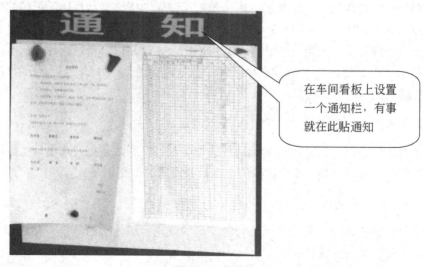

图2-31 告示板

2.2.3.12　生产管理看板

生产管理看板，是揭示生产线的生产状况、进度的表示板，记入生产实绩、设备开动率、异常原因（停线、故障）等，用于目视管理。如图2-32所示。

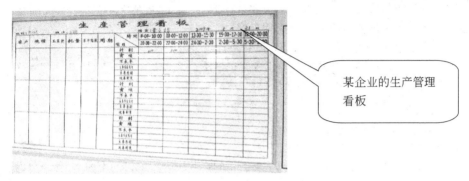

图2-32　生产管理看板

2.3　看板管理

看板管理也称"看板方式""视板管理"，在工业企业的工序管理中，是以卡片为凭证，定时定点交货的管理制度。"看板"是一种类似通知单的卡片，主要传递零部件名称、生产量、生产时间、生产方法、运送量、运送时间、运送目的地、存放地点、运送工具和容器等方面的信息、指令。看板一般分为：在制品看板，它用于固定的相邻车间或生产线；信号看板，主要用于固定的车间或生产线内部；订货看板（亦称"外协看板"），主要用于固定的协作厂之间。

2.3.1　看板使用规则

看板使用的规则如图2-33所示。

2.3.2　看板类型

2.3.2.1　三角形看板

三角形看板主要为"5S"管理服务。看板内容主要标示各种物品的名称，如成品区、半成品区、原材料区等，将看板统一放置在现场划分好的区域内的固定位置。

> **规则一** 后工序到前工序取货

实施看板管理,必须使后工序在必要的时候到前工序领取必要数量的零部件,以防止产需脱节而生产不必要的产品,为确保这条规则的实行,后工序还必须遵守下面三条具体规定
——禁止不带看板领取部件
——禁止取超过看板规定数量的部件
——实物必须附有看板

> **规则二** 次品不交给下道工序

上道工序必须为下道工序生产 100%的合格品,如果发现次品,必须立即停止生产,查明原因,采取措施,防止再次发生,以保证产品质量,防止生产中不必要的浪费

> **规则三** 前工序只生产后工序所领取的数量

即各工序只能按照后工序的要求进行生产,不生产超过看板所规定数量的产品,以控制过量生产和合理库存,彻底排除无效劳动

> **规则四** 进行均衡化生产

均衡生产是看板管理的基础,实施看板管理,只对最终总装配线下达生产数量指令,因而其担负生产均衡化的责任更大

> **规则五** 必须使生产工序合理化和设备稳定化

为了保证工序供应 100% 的合格品,必须实行作业的标准化、合理化和设备的稳定化,消除在作业方法和时间等方面的无效劳动,提高劳动生产率

> **规则六** 必须根据看板进行微调

为了适应后工序订货的要求,由于各工序的生产能力和产品合格率高低不同,必须在允许范围内进行微调,即适当地进行增加或减少的调整,并且尽量不给前工序造成很大的波动而影响均衡生产

图 2-33 看板使用的规则

2.3.2.2 设备看板

设备看板可粘贴于设备上也可在不影响人流、物流及作业的情况下放置于设备周边合适的位置。设备看板的内容包括设备的基本情况、点检情况、点检部位示意图（如图2-34所示）、主要故障处理程序、管理职责等。

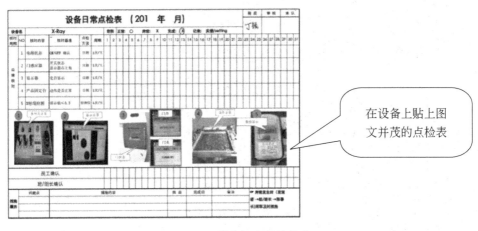

图2-34 设备日常点检图表

2.3.2.3 品质看板

品质看板的主要内容有生产现场每日、每周、每月的品质状况分析、品质趋势图、品质事故的件数及说明、员工的技能状况、部门方针等。如图2-35所示。

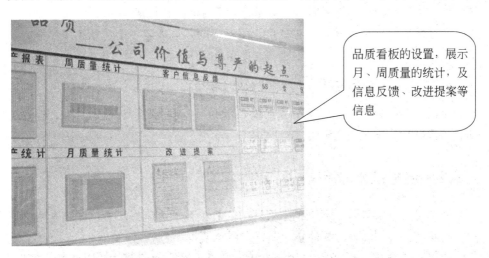

图2-35 品质看板

2.3.2.4　生产管理看板

生产管理看板的内容包括作业计划、计划的完成率、生产作业进度、设备运行与维护状况、车间的组织结构等内容。如图2-36所示。

生产管理看板，能很方便掌握每日的生产信息

图2-36　生产管理看板

2.3.2.5　工序管理看板

工序管理看板主要指车间内在工序之间使用的看板，如取料看板、下料看板、发货看板等。

（1）取料看板，主要位于车间的各工序之间，其内容主要包括工序序号、工序名称、工序操作者、下料时间、数量、完工时间、首检等。

（2）发货状况管理看板，主要位于生产车间，其内容主要包括工序序号、小组名称、产品完成日期、发货日期、收货客户等内容。

2.3.2.6　在制品看板（Production Card）

包括工序内看板、信号看板（记载后续工序必须生产和订购的零件、组件的种类和数量）。

2.3.3　看板的编制设计要点

编制看板是实施看板管理的首要环节，看板设计编制好坏直接影响看板管理的顺利实施。编制看板时要注意如图2-37所示要点。

看板要依据生产现场的实际作业状况设置，要注意其清洁并定期进行整理、整顿。

| 容易识别 | 看板是"目视管理"的工具,所编制的看板按产品、用途、种类、存放场所,用不同的颜色或标志,使正反面都能容易看出,易于识别 |

| 容易制造 | 实施看板管理,看板用量大,编制看板时要充分注意到制造的有关问题,使其易于制造 |

| 容易处理 | 所编制的看板在应用看板管理的过程中,应该方便保管和管理,同时便于问题的处理 |

| 同实物相适应 | 在实施看板管理中,看板要随零部件实物一起传送,因而编制的看板应采用插入或悬挂等形式,容易与实物相适应,方便运行 |

| 坚固耐用 | 看板在整个运行过程中,要与实物一起随现场传递运送,因而所编制的看板应该耐油污、耐磨损,尤其是循环使用的看板,更要坚固耐用 |

图2-37 看板的编制设计要点

第3章 班组长现场管理的基本方法

引言

一般而言，班组长现场必须管理的事项有生产效率、降低成本、生产安全、人员训练、质量控制等，而要做好管理，必须有一定的方法。"工欲善其事，必先利其器"，班组长想要做好现场管理工作，必须先掌握基本的管理方法。

3.1 PDCA管理法

PDCA是计划（Plan）、执行（Do）、检查（Check）、总结处理（Action）四个词的英文第一个字母的缩写。其基本原理，就是做任何一项工作，首先要有个设想，根据设想提出一个计划；然后按照计划规定去执行、检查和总结；最后通过工作循环，一步一步地提高水平，使工作越做越好。这是做好一切工作的一般规律。PDCA计划循环法，是美国管理专家戴明首先提出来的，称为"戴明循环管理法"。

运用好PDCA管理法（也称PDCA循环法），可以帮助我们做好每一件事情，并有所收获。

3.1.1 PDCA循环法的基本内容

PDCA循环法一般可分为四个阶段和八个步骤，其内容分述如下。

3.1.1.1 PDCA循环法的四个阶段

第一阶段是制订计划（P），包括确定方针、目标和活动计划等内容。
第二阶段是执行（D），主要是组织力量去执行计划，保证计划的实施。
第三阶段是检查（C），重点在对计划执行情况的检查、分析。
第四阶段是总结（A），主要是总结成功的经验和失败的教训，并把没有解决的问题转入下一个循环中去，从而完成一个圆满的改善循环。

上述四个阶段的工作循环如图3-1所示。

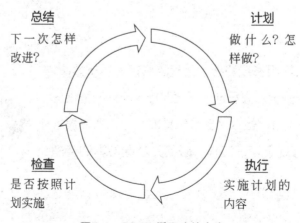

图3-1　PDCA循环法的内容

3.1.1.2 PDCA循环法的八个工作步骤

（1）提出工作设想，收集有关资料，进行调查和预测，确定方针和目标。

（2）按规定的方针目标，进行试算平衡，提出各种决策方案，从中选择一个最理想的方案。

（3）按照决策方案，编制具体的活动计划下达执行。

以上三个工作步骤是第一阶段计划（P）的具体化。

（4）根据规定的计划任务，具体落实到各部门和有关人员，并按照规定的数量、质量和时间等标准要求，认真贯彻执行。这是第二阶段执行（D）的具体化。

（5）检查计划的执行情况，评价工作成绩。在检查中，必须建立、健全原始记录和统计资料，以及有关的信息资料。

（6）对已发现的问题进行科学分析，从而找出问题产生的原因。

上述（5）（6）两项工作步骤是第三阶段检查（C）的具体化。

（7）对发生的问题提出解决办法，好的经验要总结推广，错误教训要防止再发生。

（8）对尚未解决的问题，应转入下一轮PDCA工作循环予以解决。

上述第（7）（8）两项工作步骤是第四阶段总结处理（A）的具体化。

3.1.2 PDCA循环法的基本特点

（1）大循环套中循环，中循环套小循环，环环转动，相互促进。一个企业或单位是一个PDCA大循环系统；内部的各部门或处室是一个中循环系统；基层班组或个人是一个小循环系统。这样，逐级分层，环环扣紧，把整个计划工作有机地联系起来，相互紧密配合，协调共同发展。

（2）每一个循环系统包括计划→执行→检查→总结四个阶段，都要周而复始地运动，不得中断。每一项计划指标，都要有保证措施，一次循环解决不了的问题，必须转入下一轮循环解决，这样才能保证计划管理的系统性、全面性和完整性。

（3）PDCA循环是螺旋式上升和发展的。每循环一次，都要有所前进和有所提高，不能停留在原有水平上。通过每一次总结，都要巩固成绩、克服缺点，通过每一次循环，都要有所创新，从而保证计划管理水平不断地得到提高。如图3-2所示。

在具体运用PDCA循环法的过程中，可以采用有关的数理统计方法，一般比较常用的有主次因素排列图、因果分析图、分层图、控制图、相关图及有关的统计报表等。这些方法的具体内容在有关统计书中均有详细论述。

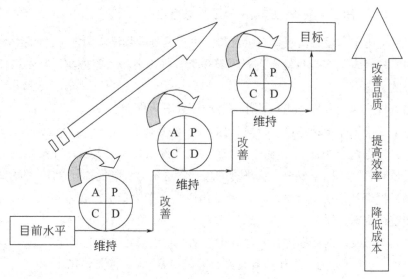

图 3-2　PDCA循环法的特点

3.2　5W2H法

"5W2H法"是抓住问题、分析问题、解决问题的一种重要方法，它为我们提供了面对问题时的思路。5W2H的目的是协助我们发掘问题的真正根源所在以及可能的改善途径。有些人甚至提到了5X5W2H法，5X表示5次，表示对问题的质疑不要只问一次而要多问几次，当然这个5是个概数，可多也可少。

3.2.1　5W2H的含义

5W2H发问法，即问为什么（Why）、做什么（What）、何人（Who）、何时（When）、何地（Where）以及怎样（How）和多少（How much），从而形成改善方案。

What——什么事？要做什么？用以明确工作任务的内容及目标。

Who——由谁来执行、谁来负责？用以明确工作任务的对象。

When——什么时候开始？什么时候结束？什么时候检查？用以明确工作任务的日程。

Where——在哪里干？哪里开始？哪里结束？用以明确工作任务的空间位置和变化。

Why——这样干的必要性是什么？有没有更好的办法？告诉下属事情的重要性可以使他更负责任或受到激励。

这五个英文单词的首个字母都是以"W"开头，因此称之为"5W"。

How——用什么方法进行？用以明确工作任务完成的程序、方法。

How much——做多少？做到什么程度为好？会花费多少成本？用以明确完成工作任务及解决问题所需成本。

这两个英文单词的首个字母都是以"H"开头，因此称之为"2H"。用这种方法进行提问，有助于我们思路的条理化，杜绝工作的盲目性。

3.2.2　5W2H法自问的顺序及内容

在工作中充分运用5W2H的方法解决问题可以取得事半功倍的效果，如有关汇报的问题可以从以下7个方面进行解决。

（1）这次汇报的主要内容是什么。
（2）为什么要使用这个方案。
（3）它能达到一个什么样的目标。
（4）应该在什么地点、什么时候执行，由谁来执行、谁来负责。
（5）现在进行到什么阶段，预计什么时候能结束。
（6）是否需要其他人的配合。
（7）大约会花费多大的成本。

相关情况一一列出后，汇报工作基本上就清晰了，利用这种方法来考虑问题更有利于工作的条理化。

班组长在现场管理中碰到任何问题都可以运用5W2H法来寻根究底，并找出解决方案。

3.3　三直三现主义

三直三现主义是由日本《现场管理者》一书提出的，其内容是：马上现场、马上现品、马上现象。

在生产现场，每天都会发生许多问题，如不良品生产较多、工伤事故的发生、装混货物等，遇上这些事情，班组长首先应到现场去看，听取现场相关人员的意见。如果不这样做，而是坐在会议室里听取有关人员的汇报，仅凭想象讨论对策是不够的，因为下属的汇报不可能那么全面，有时也不能说到关键问题上，这样会使你的思路和判断出现偏差，有可能遗漏问题要点。

若在听取汇报的同时马上来到现场察看，多数情况就会明白事故发生的原因。让大多数人去看现场，进行调查，比只有少数人看现场，能了解到的情况更多，这时能马上进行处置和尽快实行对策，这一点至关重要，这就是三直三现主义。

班组长不要坐等汇报，一定要到生产现场去看一看，才能了解到现场所发生问题的真实状况，并找到解决办法。

3.4　5个为什么问题解析法

5个为什么问题解析法就是连续问5个为什么，从而找到问题的解决措施和方法。

中国有一句歇后语"打破砂锅问到底（纹到底）"。班组长在做工作时其实也需这种打破砂锅问到底的精神，在现场许多问题，尤其是质量问题，只要你多问几个为什么，你就会找出产生问题的原因，解决问题的方法也就掌握在你的手中。

3.4.1　就问题点直接发问直接回答

5个为什么的特点就是就问题点直接发问，回答也只需要就问题直接作回答，回答的结果又将成为下一个发问的问题，就这样直接追问下去，连续5次就可问出问题发生的真正原因，给自己解决问题又提供了一个新的办法。示例如下。

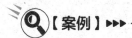【案例】▶▶▶

某班长一天发现生产现场的地板上有一摊油，他把当班的一个员工叫过来问："为什么地上会有油？"

员工回答："啤机正在漏油。"

"啤机怎么会漏油？"

"啤机上有个破洞。"

"为什么啤机会破一个洞？"

"塞子坏掉了。"

"为什么塞子会坏？"

"嗯，有人告诉我们，他们采购这批活塞的价钱很便宜。"

"为什么采购部门可以要到这么好的价钱？"

"我怎么会知道。"

班长打电话询问,结果是公司里有个政策,鼓励以最低价格采购,因此才会出现这个有毛病的零件,造成漏油的帮机和地板上的一摊油。

挑一个你希望由此开始对症下药的症状,也就是你希望由此解开死结的线索,问大家第一个为什么:"为什么××事情会发生?"结果,可能有三个或四个答案,把这些答案都记录在纸上,让答案四周留下充裕的空间。

就纸上写下的每个叙述,重复相同的流程,针对每个叙述问:"为什么",把答案写在第一个问题的旁边,追踪看起来比较可能的答案,你会发现这些答案开始整合,十来个个别症状或许可以回溯到两个或三个系统根源。

3.4.2 问的时候不要只顾责怪别人

要有效地解决问题,你问这5个为什么的时候,不要只顾责怪别人。

当你发现工作场所的地板上有一摊油时,问:"为什么地板上有一摊油?"可能有人会说:"因为维修人员没有把油擦干净。"

"为什么他们没有把油擦干净?"

"因为他们的主管没有叫他们擦干净。"

"为什么主管没有叫他们擦干净?"

"因为维修人员没有告诉他这件事情。"

"为什么维修人员不告诉他们的主管?"

"因为他没有问。"

责怪别人会使你除了惩罚维修人员之外,没有其他选择,没有机会发现实质的问题。

3.5　8D法

"8D"即 8 Disciplines 的简称,意思为八项纪律制度,即解决问题的八步骤法,是来自美国三大汽车公司之一的福特(Ford)汽车公司的做法,现在已流行于全世界。

"8D"与克莱斯勒(Chrysler)汽车公司的"七步纠正措施"法在本质上是相同的,它们都是有效解决现场异常事项最可靠的方法之一。具体的八步骤内容如图3-3所示。

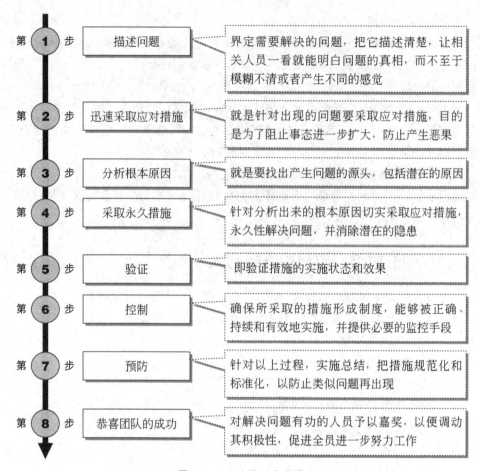

图3-3　8D法的八个步骤

第4章 现场五大要素——4M1E的控制

班组长现场管理实操手册

引言 为了实现现场管理目标，班组长有必要有效地控制4M1E。4M1E是指Man（人），Machine（机器），Material（物料），Mothod（方法），Environments（环境），也就是人们常说的人、机、料、法、环现场管理五大要素。

4.1 Man——人的管理

4.1.1 现场工作规则的宣导与维持

现场工作规则是指为完成现场的生产目标，维持生产现场良好秩序所必须遵守的约束条件。员工是现场作业的主体，也是提高生产效率的关键，因而对员工进行现场工作规则的宣导是很重要的，具体宣导步骤如下。

4.1.1.1 让员工了解现场工作规则的具体内容

生产现场工作规则应包含的具体内容见表4-1。

表4-1 生产现场工作规则的内容

序号	项目	内容
1	问候	（1）早晚碰面时，互相大声地说问候语 （2）进入会议室和办公室之前，要先敲门并大声问候 （3）在通道上碰上来往客人时，要行注目礼
2	时间规律	（1）以良好的精神状态提前5分钟行动 （2）作业在规定的时间开始，按照规定时间结束 （3）会议按时开始，也应按时结束 （4）休假应提前申请
3	服装	（1）要着与工作场所的作业要求相符合的服装 （2）厂牌是服装的一部分，必须别在指定的位置 （3）工作服要干净
4	外表修养	（1）男性不要蓄胡子 （2）女性不要留长指甲，不要涂指甲油，不化浓妆 （3）保持口气清新
5	吸烟	工作场所全面禁烟
6	言行	（1）与上级沟通时要正确使用敬语 （2）作业中不要说废话 （3）工休时不可在厂区随意走动 （4）不做危险的动作
7	遵守约定的事	（1）对指示的内容，在催促之前报告其结果 （2）借的东西要在约定时间之前返还 （3）如果发现现场混乱，不可装作没看见，应自行处理或告知责任部门

续表

序号	项目	内容
8	认真地工作	（1）按作业标准正确地作业 （2）确认了指示内容后再采取行动 （3）发现不合格品或发生机械故障时，应立即报告 （4）不在生产现场和通道上来回走动

4.1.1.2 帮助员工分析现场不符合规则的现象与原因

（1）现场。不遵守现场工作规则的现象大致有以下4类。

——员工懒散，工作没干劲。

——不按指示去做，且同样的问题反复发生。

——迟到现场屡禁不止，迟到者满不在乎。

——工作做得不好或任务没完成时，缺乏总结，缺乏改正的态度。

（2）原因。不符合规则的原因大致如下。

——员工不了解现场规则。

——主管、班组长总是把责任推到下属身上。

——管理人员从来不和员工直接对话。

——管理人员对作业失误现象没有及时处罚。

——作业者对提高自己的能力缺乏自主性。

——现场内的告示太少，生产状况、目标之类的情况没有传达给现场，生产人员不知道应该干什么。

4.1.1.3 督促员工改正不遵守规则的行为

班组长应采取一些对策，督促员工改正不遵守规则的行为，制造有生气、有效率的生产现场氛围。

（1）管理者引导。班组长要起到示范带头作用，首先从自身做起，严格遵守现场工作规则。

（2）向下属交代工作时应清楚明确。向下属交代工作可运用5W1H法，即做什么、为什么这样做、在什么时间之前完成、在什么地方做、怎样做。

（3）加强生产现场的信息交流。

（4）及时评价工作结果。

4.1.1.4 现场工作规则的维持

（1）明确管理职能（见表4-2）。

表4-2 管理职能

职能	描述
组织职能	确定现场各岗位的责任和权限，并明确各人担当的工作
计划职能	明确各部门的职能，分清每人应该负责的事项
命令职能	使部下明确理解、接受工作的内容，并积极地投入工作
调整职能	对于生产状况异常或变更，从最恰当的要求出发来调整、修正生产计划
统制职能	调查造成生产目标、计划和实绩差异的产生原因，并采取适当的处置对策

（2）强调遵守生产指令。强调生产指令的遵守，须明确以下事项。

——明确生产的目的。

——告诉员工生产中应采取的必要手段。

——明确交货日期。

——具体说明生产项目。

——明确指示"要严格遵守"的要点。

——对指示、命令的内容一定要求员工作记录。

——要员工实事求是地报告工作的内容。

——在生产进度减慢或发生异常时，要求员工迅速报告情况。

（3）导入5S并彻底实行。导入5S的目的是提高员工的素养，进而提升整个企业的综合素质。在实施5S的过程中，会形成一种良好和谐的氛围，这种氛围是维持现场规则的基础。

具体做法如图4-1、图4-2所示。

制作员工行为条例，以看板形式挂在走道上，起到潜移默化的效果

图4-1 员工管理准则看板

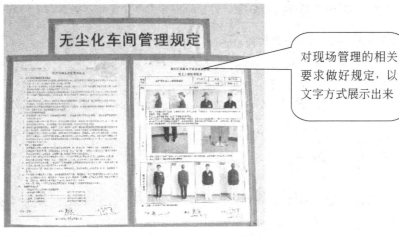

对现场管理的相关要求做好规定，以文字方式展示出来

图4-2　车间管理规定看板

4.1.2　员工的OJT训练

OJT是指上司或老员工（至少有两年以上工作经验的优秀员工）通过日常业务和工作，对下属或新员工进行有计划的指导，指导的内容包括员工在工作中所需要的知识、技能、态度等。实施步骤是通过计划→实施→确认→修正，即PDCA来完成的。

4.1.2.1　确定受教育者

确定受教育者首先要列举其完成生产现场的各种作业所需要的能力，这里所说的能力是指与作业有关的知识、作业的顺序、作业的要点、应该达到的品质水准和作业速度、作业后的检查要点，是对分配至流水线的作业者拥有能力的评价，找出其必要能力和实际能力之间的差距，确认作业者能力不足的部分。

4.1.2.2　编制作业指导书

作业指导书起着正确指导员工从事某项作业的作用。作业指导书通常会明确作业要求的5W1H。

（1）作业名称——做什么（What）。

（2）作业时间——什么时候做（When）。

（3）作业人——谁去做（Who）。

（4）作业地点——在哪儿做（Where）。

（5）作业目的——为什么要这么做（Why）。

（6）作业方式——所用工具及作业方法、关键要点（How）。

4.1.2.3 进行实际作业指导

班组长可按以下三个步骤进行实际作业指导。

（1）对作业进行说明，着重讲解作业的5W1H。

（2）先自己示范一遍，再让员工跟着操作。

（3）指导过程中注意观察员工的操作动作，对不符合要求或不规范之处随时纠正。

4.1.3 新员工的培训

对新员工就礼仪仪表及所属岗位的相关作业方法、工作规则、安全事项等方面所开展的培训称为新员工培训。

4.1.3.1 了解新员工的特征和问题

新员工是指新近录用的人，有时也指内部转换岗位后尚未熟练上岗的人。新员工初来乍到，不清楚各种业务处理流程，可能会出现以下错误行为。

（1）不知道工作场所的礼仪。不知道开关门的礼貌、吃饭的礼貌、和人交流的礼貌等。

（2）面对工作任务不知从何下手，尤其是刚毕业的学生。

（3）由于被斥责少，所以一被上司批评或斥责，情绪就容易消沉或激烈反抗。

（4）开会时随意地和旁边的人说话。

（5）对不熟练的作业，凭自己的一点经验和知识就贸然操作。

（6）工作不顺利就埋怨别人，而不会进行自我反省，也不去考虑防止错误再次发生的对策。

（7）不知道在团队中如何协作，也从不考虑这一点。

4.1.3.2 确定新员工培训的内容

（1）相应规则的遵守。

——遵守时间规则。告诉新员工上下班的时间，要求新员工请假时要事先申请等。

——遵守着装规则。告知新员工工作服的穿着要求和规定，可以现场示范这一条。

车间的组织架构也有必要告诉新员工，如图4-3所示。

（2）礼仪方面的培训。

——工作现场的礼仪礼节。告诉新员工同事间早晚见面时的礼仪礼节，以及遇见来宾时应遵守的礼仪礼节。如图4-4所示。

——工作现场的敬语运用。告诉新员工在工作现场中敬语的正确使用方法。

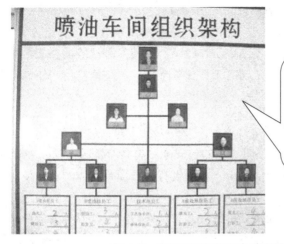

图4-3 车间组织架构要告诉新员工

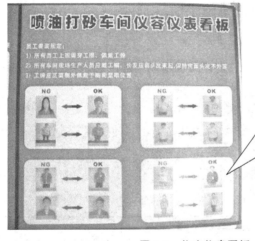

图4-4 仪容仪表看板

（3）具体作业的培训。

——告知新员工在通道和生产场所不要跑动，操作完毕后应整齐有序地放置好材料和工具。

——严格依据作业指导书展开操作。告诉新员工要做好工作就要依据作业指导书来作业。

——如何处理突发状况。告诉新员工当不良品发生、机械出故障、发生劳动灾害时要迅速告知上级。

——如何高效执行。接受任务后要随时报告进展，不得让上级反复催促后才有回复。

——上级指示的事情应在理解后再着手做。

4.1.4 进行多能工训练

多能工是指企业通过教育训练或工作轮调,掌握多种技能的员工。对于生产任务品种多、批量大、周期紧,同时工作任务集中、不均衡给生产协调带来极大困难的企业,可以实施多能工训练,提高生产效率。

4.1.4.1 多能工训练的必要性

多能工训练是现场管理中不可缺少的一部分,其原因如下。

(1)在有人缺勤或请假的情况下,如果没有人去顶替工作,就会使生产停止或造成产量减少。

(2)在品种多、数量少或按订单来安排生产的情况下,要频繁地变动流水线的编程,因此,要求作业人员具备多能化的技艺以适应变换机种的需要。

(3)适应生产计划的变更。企业为适应激烈竞争的环境,往往会根据客户的某种要求而改变生产计划,这就要求作业者的多技能化。

4.1.4.2 多能工训练计划的制订及记录

(1)调查在生产现场中认为是必要的技术或技能,记录到多能工训练计划表(见表4-3)的横列上。

(2)把生产现场和作业者姓名记到纵列上。

(3)评价每个作业者所具有的技术力或技能,并使用规定的符号来记录。

(4)制订各作业者的未训练项目的培训计划。

(5)随着训练的进展而增加评价符号。

表4-3 多能工训练计划表

员工 \ 作业技能	取图	剪断	铸锻	展平	消除变形	弯曲	挫磨	冲压成形	整形	热处理	焊锡	熔接	铆接	组装	抛光	训练时间合计
	2天	2天	2天	3天	3天	5天	5天	5天	5天	8天	8天	8天	8天	8天	8天	80天
张三									☆							
李四			◎													
王五						○										
赵六																

注:☆代表100%;◎代表75%;○代表50%;×代表不须学会。

4.1.4.3 多能工训练操作方法

（1）根据多能工训练计划表，按计划先后逐一进行作业基准及作业指导书内容的教育、指导。

（2）完成初期教育指导后，让学员进入该工程参观该岗位作业员操作，注意加深其对作业基准及作业顺序教育内容的理解，随后利用中休或加班时间，由班长指导学员进行实际作业操作。

（3）在有班长、副班长（或其他多能工）顶位时，可安排学员进入该工程与作业员工一起进行实际操作，以提高作业准确性及顺序标准化，同时掌握正确的作业方法。

（4）当学员掌握了正确的操作方法，并能完全具备该工作作业能力后，可安排其进行单独作业，使其逐步熟练达到一定程度的作业稳定性并能持续一段时间（3～6日最好）。训练中的多能工学员在单独作业时，班长要进行确认。

（5）考核学员的训练效果。检查学员的作业方法是否符合作业指导书的标准，有没有不正确的作业动作，如果有要及时纠正；检查成品是否符合品质、规格要求，有没有因作业不良而造成的不良品。

学员的上述检查均合格后，对该学员的工程训练就可以判定为合格。

4.1.5 做好岗位交接

岗位交接是指在多班制操作设备的情况下，不论操作人员、班（组）长、值班维护工或维修组长，都应该在交接班时办理交接手续。班组长须严格执行岗位交接班制度，做好岗位工作衔接，确保安全、文明、均衡地生产。

4.1.5.1 了解交班要求

（1）交班前工艺要求：交班前一小时内不得任意改变负荷和工艺条件，生产要稳定，工艺指标要控制在规定范围内，生产中的异常情况要消除。

（2）交班时对设备的要求：运行正常、无损坏，无反常状况，液（油）位正常，清洁无尘。

（3）交班时对原始记录的要求：干净整洁，无扯皮、无涂改，项目齐全，指标准确；巡回检查有记录；生产概况、设备仪表使用情况、事故和异常状况都要记录在记事本（或记事栏）上。

（4）交班对其他要求：上一班为下一班储备消耗物品，工器具齐全，工作场地卫生清洁等。

（5）接班者到岗后，交班者要详细介绍本班生产情况，解释记事栏中记录的主要事情，回答接班者提出的一切问题。

（6）交班时的"三不交"：即接班者未到不交班；接班者没有签字不交班；事故没有处理完不交班。

（7）交班时的"二不离开"：班后会不开不离开车间；事故分析会未开完不离开生产车间。

4.1.5.2 了解接班要求

（1）到岗时间：接班人应提前30分钟到岗。

（2）到岗检查项目：生产、工艺指标、设备记录、消耗物品、工器具和卫生等情况。

（3）接班要求：经进一步检查，没有发现问题，及时交接班，并在操作记录上进行签字。

（4）接班责任：岗位一切情况均由接班者负责；将上班最后一小时的数据填入操作记录中；将工艺条件保持在最佳状态。

（5）接班时的"三不接"：岗位检查不合格不接班；事故没有处理完不接班；交班者不在不接班。

4.1.5.3 召开班前会

（1）参加人员：交接班双方的值班主管；接班的全体人员；白班交接时要有一名车间领导参加。

（2）参会人员必须穿戴工作服、工作帽，严禁穿高跟鞋。

（3）时间要求：提前20分钟点名、开会。

（4）会议内容：交班值班主管介绍上班情况；各岗位汇报班前检查情况；接班值班主管安排工作。如图4-5所示。

（5）车间领导作指示。

装配组的班前会，组长正在讲当日的工作内容、要求、安全事项

图4-5 召开班前会

4.1.5.4 召开班后会

（1）参会人员：交班者全体人员；白班交班时要有一名车间领导参加。
（2）班后会时间：岗位交班后召开。
（3）内容：各岗位人员介绍本班情况，值班主管综合发言。
（4）车间领导作指示。

4.1.6 现场人员的有效沟通

有效沟通是指通过听、说、读、写等思维的载体，通过演讲、会见、对话、讨论、信件等方式准确、恰当地表达出来，以促使对方接受。

在工作现场，现场人员如果不能进行有效的沟通，会导致许多问题，从而影响整体的生产目标。为了有效提高生产效率和维护产品的品质，必须做好人员的沟通。如图4-6所示。

图4-6　召开总结会沟通生产信息

（车间召开季度的总结会，对相关的生产信息等进行有效沟通）

4.1.6.1 沟通不良易产生的问题

生产现场的沟通是否良好将会直接影响到生产。如果沟通得好，不但能提高生产效率和产品品质而且还能营造和谐的工作氛围，反之则会降低生产效率和产品品质，还会产生以下一些问题。

（1）员工只做交代了的工作，未交代的不会动手去做，而且这种现象越来越普遍。
（2）工作方法守旧，缺乏改善意识甚至不愿意改善。
（3）员工思想消极，很被动，不思进取，不去主动学习。
（4）员工能力差，某些工作集中在某些特定的人身上，如果该特定的人缺勤，生产就无法正常进行。

(5) 完不成生产现场整体的生产目标，而且都不去探究责任和原因。

4.1.6.2 沟通的对象

(1) 班组长与上司沟通。班组长与上司进行沟通是完成工作的重要部分，在沟通中要摆正心态，更要掌握技巧。

——与上司沟通时要理解自己和上司的立场不同，即使观点不同，也不能顶撞上司。

——面对上司要切实地进行报告和沟通。

——汇报工作时应理清思路、突出重点、分清主次。

(2) 班组长与下属沟通。为完成生产任务，班组长与下属的沟通也是最重要的工作之一，其技巧如下。

——利用"目视管理"等手段明确表示生产现场的目标，并反复告诉下属。

——有计划地培养下属。

——激发下属的工作热情，营造良好的工作氛围。

——耐心倾听下属的抱怨和要求，并帮助其解决。

——在给下属发出工作指令时，要清晰、明确，同时要激发下属的工作热情。

(3) 班组长同事之间的沟通。和同事沟通是寻求协助的最佳手段，所以班组长应该运用以下技巧与同事进行沟通。

——班组长应与同事进行积极频繁的信息交流。

——班组长与同事之间应互相激励以求提升能力，并成为良好的搭档。

——班组长对不喜欢的同事也要进行深入沟通。

4.1.6.3 沟通改善的方法

现场沟通受很多因素的影响，所以相应的改善方法也多种多样。以下是一些简单易行的方法，仅供参考。

(1) 明确沟通目标。谋求别人和自己交流，须明确自己的目标。作为管理者应该明确自己想干什么及自己的目标是什么，只有目标明确，才可找出最佳方法。

(2) 运用会议进行沟通。每日5～10分钟的早会，一周召开一次30分钟的生产现场会议等，这样连续不断地进行并成为一种惯例，将会产生很大效果。

——早会的召集方法。早会应由生产班组长主持或由班组成员轮流主持。早会的召开可按如下顺序进行：开始早会；点名（叫到名者，应答是有意义的）；昨日实绩（生产数量、不良率、劳动灾害）总结；本日计划（生产数量、培训、有无会议等）告知；本日的注意事项（危险的作业、为缺勤者安排替代者等）；成员的发言；早会结束。

——现场会议沟通的技巧。生产现场是问题的审议和解决的重要场所，有效地利用会议的关键在于沟通的好坏,为达到此目的应运用以下技巧:开会之前就分发会议所需资料;缩小出席范围,举行高质量的会议;选择有能力的主持者和记录者;严格遵守会议开始和结束的时间;明确决定了的事项,分别实施,明确期限;分发会议记录,并对会议决定事项进行情况追踪。

可在宣传栏张贴沟通的技巧,使现场人员都能有效运用。如图4-7所示。

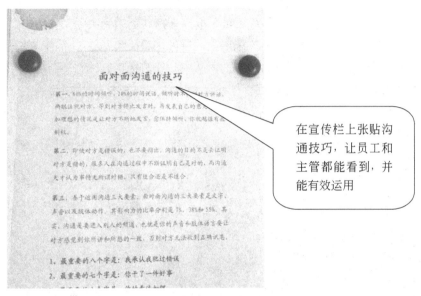

图4-7 宣传栏张贴的沟通技巧

4.1.7 如何应对熟练工的辞职

辞职就是辞去职务,是劳动者向用人单位提出解除劳动合同或劳动关系的行为。

生产现场熟练工的作用在于向他人传授所领会的熟练技术,由于很多熟练工所掌握的技术是机械化和自动化难以代替的,一旦辞职就会影响正常的生产活动,因而如何去正确应对熟练工的辞职也是必须考虑的问题。

4.1.7.1 分析熟练工辞职的原因

对熟练工辞职,班组长可先考虑以下8个问题。

(1)熟练工辞职是否与工作环境有关。
(2)熟练作业是什么。
(3)熟练工的作业为什么变成了熟练作业。
(4)熟练作业为什么是一般作业者所不能做的。

（5）为了生产现场整体的进步，有没有活用熟练者的方法。

（6）可否消除熟练作业。

（7）熟练工是否不愿意直接地教导别人。

（8）熟练工不愿留下来，是否因为班组长对其不重视。

4.1.7.2　对熟练工辞职采取的对策

（1）熟练工的活用。对于熟练工可采取以下措施运用到实际工作中去。

——为了确实地在短时间内实施产品的试做，将活用熟练工所拥有的技能。

——让熟练工参加到开发新技术的团队中，让其提供制造技能。

——设定技术工的资格制度，把熟练技术引入到资格评价项目中。如图4-8所示。

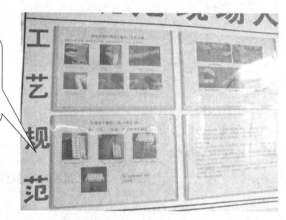

将重点技术制作规范化的操作标准并文字化，让其他员工加强学习

图4-8　制作重点技术工艺规范

（2）其他对策。为了达到熟练工即使辞了职也不会给生产带来困难的目的，应采取措施弥补熟练工辞职时作业人员的空缺，更重要的是以长远的观点来解决问题。一般来说，处理熟练工辞职的策略有以下四点，见表4-4。

表4-4　处理熟练工辞职的策略

序号	策略	具体措施
1	防止熟练工辞职	（1）改善熟练工的工资待遇和地位 （2）面对面地交谈以了解熟练工所持有的不满和问题点，从而制定对策
2	对熟练工设置公司内部资格制度	（1）在企业内部设立熟练工资格制度，长期地培养作业者的技能 （2）编写基于企业内部资格制度的培养计划，委任熟练工为指导者（讲师）

续表

序号	策略	具体措施
3	活用熟练工	（1）开办以熟练工为企业内部指导者的技术讲座学习会 （2）安排新人到熟练工身边，能直接学习熟练技能
4	熟练技术的文字化	熟练技术的文字化，对于企业的发展是非常重要的，因此必须创造熟练工传授技艺的环境

4.1.8 生产人员的绩效管理

绩效管理就是通过员工的工作所达成的成绩和效果来对员工进行追踪、评估、沟通、奖惩的过程。对生产人员进行绩效管理，主要是为了把握每一位员工的实际工作状况，为教育培训、工作调动以及提薪、晋升、奖励表彰等提供客观可靠的依据。对员工的绩效评估主要包括工作量、工作质量、本职工作中的改进提高。如图4-9、图4-10所示。

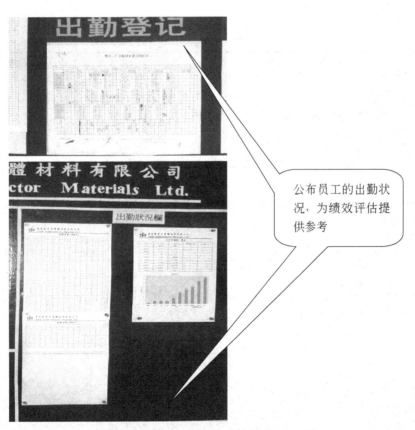

图4-9 公布出勤状况为绩效评估提供依据

某工厂生产 C 线的绩效管理看板，将员工的绩效充分显示

图 4-10　绩效管理看板

4.1.8.1　量表法

量表法通常要做维度分解，并沿各维度划分等级，设置量表（尺度）。该方法可实现量化评估，而且操作也很简捷。以下是一种可供参考的量表法的表格，见表 4-5。

表 4-5　量表法

工作绩效评估要素	评估尺度	评估依据或评语
（1）质量：所完成工作的精确度、彻底性和可接受性	A □ 91～100 B □ 81～90 C □ 71～80 D □ 61～70 E □ 60 以下	分数：
（2）生产率：在某一特定的时间段中所生产的产品数量和效率	A □ 91～100 B □ 81～90 C □ 71～80 D □ 61～70 E □ 60 以下	分数：
（3）工作知识：实践经验和技术能力以及在工作中所运用的信息	A □ 91～100 B □ 81～90 C □ 71～80 D □ 61～70 E □ 60 以下	分数：
（4）可信度：某一员工在完成任务和听从指挥方面的可信任程度	A □ 91～100 B □ 81～90 C □ 71～80 D □ 61～70 E □ 60 以下	分数：

续表

工作绩效评估要素	评估尺度	评估依据或评语
（5）勤勉性：员工上下班的准时程度、遵守规定的工间休息和用餐时间的情况以及总体的出勤率	A □ 91～100 B □ 81～90 C □ 71～80 D □ 61～70 E □ 60以下	分数：
（6）独立性：完成工作时需要监督的程度	A □ 91～100 B □ 81～90 C □ 71～80 D □ 61～70 E □ 60以下	分数：

评估等级说明：

A——在所有方面的绩效都十分突出，并且明显地比其他人的绩效优异得多。

B——工作绩效的大多数方面明显超出职位的要求；工作绩效是高质量的并且在考核期间一贯如此。

C——是一种称职的、可信赖的工作绩效水平，达到了工作绩效标准的要求。

D——需要改进，在绩效的某一方面存在缺陷，需要进行改进。

E——不令人满意，工作绩效水平总的来说无法让人接受，必须立即加以改进；在这一等级上的员工不能增加工资。

4.1.8.2 业绩评定表法

这是一种被生产管理人员广泛采用的考核方法，它根据所限定的因素来对员工进行绩效评估，这种方法通常可以使用多种绩效评估标准。

表4-6既选用了工作量、工作质量、可靠性等绩效标准，又包含了与一名员工未来成长和发展潜力有关的四个指标。

表4-6 业绩评定表

员工姓名：　　　　　　　　　评估人员：
工作岗位：　　　　　　　　　评估期间：
部门：　　　　　　从　　　　到

评估结果	较差，不符合要求	低于一般，需要改进，有时不符合要求	一般，一直符合要求	良好，经常超出要求	优秀，不断地超出要求
（1）工作量：完成的工作量、生产率达到可接受的水平					
（2）工作质量：在进行任务指派时是否准确、精密，完成情况是否良好					

续表

评估结果	较差，不符合要求	低于一般，需要改进，有时不符合要求	一般，一直符合要求	良好，经常超出要求	优秀，不断地超出要求
（3）可靠性：员工实现工作承诺的信任程度					
（4）积极性：是否自信、机智并愿意承担责任					
（5）适应能力：是否具备对需求变化和条件变化的反应能力					
（6）合作精神：为他人服务及与他人合作的能力					
（7）未来成长和发展的潜力					
（8）员工声明	□同意	□不同意			
（9）评估：					
员工（签名）		日期			
评估人员（签名）		日期			
审查经理（签名）		日期			

4.1.8.3 关键事件法

关键事件法绩效评估是就生产管理过程中一些关键事件进行评估，以确保绩效考核的方法。

（1）关键事件法的运用要领。

——将每一位生产人员在工作活动中所表现出来的良好行为或考核不良行为（或事故）记录下来。

——在每6个月左右的时间里，主管与生产人员见一次面，根据所记录的特殊事件来讨论后者的工作绩效。

——可以将关键事件记录与生产人员的年度工作期望结合起来使用。

（2）关键事件记录示例（见表4-7）。

班组长的职责之一是监督工作流程以及使库存成本最小化。关键事件表明，如果库存成本上升了15%，这就提供了一个最好的证据，说明他在将来的工作中需要对工作绩效加以改善。

表4-7 关键事件法

工厂主管助理的职责	目标	关键事件示例
安排工厂的生产计划	充分利用生产人员和机器；及时发布各种指令	为工厂建立了新的生产计划系统；上个月的指令延误率降低了10%；上个月提高机器利用率为20%
监督原材料采购和库存控制	在保证充足的原材料供应前提下，使原材料的库存成本降到最小	上个月使原材料库存成本上升了15%；部件A和部件B的订购量富余了20%，而部件C却短缺了30%
监督机器的维修保养	不出现因机器故障而造成的停产	为工厂建立了一套新的机器维护和保养系统；由于及时发现机器部件故障而防止了机器的损坏

4.2 Machine——班组设备管理

设备是为保证正常生产所配置的技术装备、仪器、仪表等。班组长要了解本班组的设备种类，指导班组成员进行正确操作，并做好设备的整顿、清扫、维护保养等工作。

4.2.1 设备的安全操作

4.2.1.1 设备操作员的要求规范

设备操作员必须遵守"三好""四会""四项要求""五项纪律"，具体见表4-8。

表4-8 "三好""四会""四项要求""五项纪律"

序号	类别	说明
1	三好	（1）管好：管好自己所用的设备，未经领导安排不得擅自允许他人操作自己负责的机器设备 （2）用好：按作业指导书上操作规程正确合理用好自己所用的设备，严禁违规操作和野蛮操作 （3）保养好：认真履行《日常保养表》上的保养项目，一旦发现设备有异常情况，要及时报修

续表

序号	类别	说明
2	四会	（1）会用：认真学习、深刻领会《作业指导书》上的设备操作规程，明了设备性能，掌握加工工艺和弄懂工装刀具，确保正确安全使用自己负责的设备 （2）会查：了解自己所用设备的结构、特点、工作原理以及哪些零件是易损件，每天启用设备之前应对设备的运动部位和易损零部件进行逐一检查其有无松动脱落或损坏 （3）会维护：严格执行维护保养项目，上班点检润滑、下班整理清洁、加工过程中及时排除废屑，确保设备内外干净整洁、结构完好无损 （4）会排除简单故障：能鉴别正常与异常，会做一般的调整和简单的故障排除
3	四项要求	（1）整齐：工具、工件、附件放置整齐，安全防护装置齐全，线路、管道安全完整 （2）清洁：设备内外清洁，各滑动面、丝杠、齿条、齿轮等处无油垢、无碰伤，各部分不漏水、不漏油，切屑垃圾清扫干净 （3）润滑：按时加油换油，油质符合要求；油壶、油枪和油杯齐全；油毡、油线、油标清洁；油路畅通 （4）安全：实行定人定机、凭证操作和交接班制度，熟悉设备结构和遵守操作规程，合理使用，精心维护，安全无事故
4	五项纪律	（1）定人定岗、凭证操作：不乱动他人操作的机器设备 （2）正确使用、合理润滑：不超越设备的加工能力 （3）遵守规程、保持整洁：每天坚持清洁保养 （4）妥善保管工具和附件：不要随意乱摆、随手乱放 （5）遇障及时停机并检查：不要让机器设备在故障状态下工作

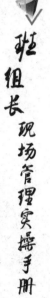

4.2.1.2 监督指导员工对设备的操作使用

设备的操作使用是班组设备日常管理的重点，班组长要从操作规程等入手，对本组成员的具体操作使用进行监督指导。

（1）遵守设备操作维护规程。所有设备的操作顺序都有严格的要求，制造厂家的操作说明也有规定，不遵守操作规程会直接导致或加速机器产生故障。作为班组长，不仅要了解设备操作维护规程，还要知道如何制作并指导员工进行（如图4-11所示）。以下是某班组的"数控车床操作维护规程"，以供班组长参考。

【范本】数控车床操作维护规程 ▶▶▶

数控车床操作维护规程

第一条　操作者必须熟悉机床使用说明书和机床的一般性能、结构，严禁超性能使用。

第二条　开机前应按设备点检卡规定检查机床各部分是否完整、正常，机床的安全防护装置是否牢靠。

第三条　按润滑图表规定加油，检查油标、油量、油质及油路是否正常，保持润滑系统清洁，油箱、油眼不得敞开。

第四条　操作者必须严格按照数控车床操作步骤操作机床，未经操作者同意，其他人员不得私自开动。

第五条　按动各按键时用力应适度，不得用力拍打键盘、按键和显示屏。

第六条　严禁敲打中心架、顶尖、刀架、导轨。

第七条　机床发生故障或不正常现象时，应立即停车检查、排除。

第八条　操作者离开机床、变换速度、更换刀具、测量尺寸、调整工件时，都应停车。

第九条　工作完毕后，应使机床各部处于原始状态，并切断电源。

第十条　妥善保管机床附件，保持机床整洁、完好。

第十一条　做好机床清扫工作，保持清洁，认真执行交接班手续，填好交接班记录。

将设备的操作与保养共同制作统一的作业指导书

图4-11　车床操作与保养看板

（2）设备定人管理。班组的各种设备可以具体到个人，由班组成员负责设备的使用、维护、保养等事项。班组长可以设计相应表格，对设备实施定人保管，明确责任。如图4-12、图4-13所示。

图4-12　设备定人负责

（该设备的操作责任人姓名、照片等以看板的形式贴附在机器上）

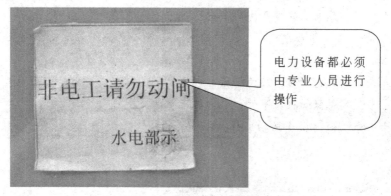

图4-13　电力设备专人操作

（电力设备都必须由专业人员进行操作）

（3）禁止异常操作。异常操作是正常操作手法以外的操作。异常操作可分为对设备、产品、人员有损害和无损害两种，不论有无损害，都应该严格禁止和设法防止其发生。班组长可以考虑采取如图4-14所示的措施。

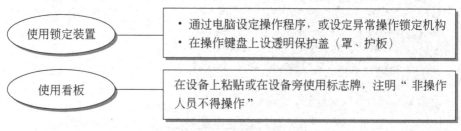

使用锁定装置	・通过电脑设定操作程序，或设定异常操作锁定机构 ・在操作键盘上设透明保护盖（罩、护板）
使用看板	在设备上粘贴或在设备旁使用标志牌，注明"非操作人员不得操作"

图4-14　禁止异常操作

如图4-15、图4-16所示为设备上张贴的禁止调整参数和操作注意事项。

图4-15　设备张贴禁止调整参数的标志牌

机器上张贴禁止调整参数的告示,明确禁止异常操作

机器上张贴操作注意事项,能有效控制异常操作

图4-16　设备上张贴的操作注意事项标志牌

4.2.2　设备点检

班组加强设备点检,可以及早发现各种劣化、老化现象,以避免因突发故障而影响生产。通常而言,班组长要组织做好日常点检,重点对设备的运行、故障等进行检查。

4.2.2.1　了解点检类型

设备点检可分为日常点检、定期点检和专题点检三种。

(1) 日常点检由操作人员负责,是日常维护保养中的一项重要内容,结合日常维护保养进行。如图4-17、图4-18所示。

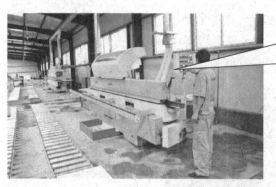

图4-17　设备使用前要点检

组别：CNC　　机器名称：宝鸡

类别	项目	日期/内容	1	2	3	4	5	6	7
日常保养	1	机器清洁情况		√	√	√	√	√	
	2	机器润滑状况		√	√	√	√	√	
	3	电路开关状况		√	√	√	√	√	√
	4	运转是否有异常		√	√	√	√	√	
	5	送料系统状况		√	√	√	√	√	
周保养	1	机器辅助件		√					
	2	机器紧固件		√					
	3	线路、开关		√					
月保养	1	空气管路		√					
	2	电机状况		√					
	3	循环油路情况		√					

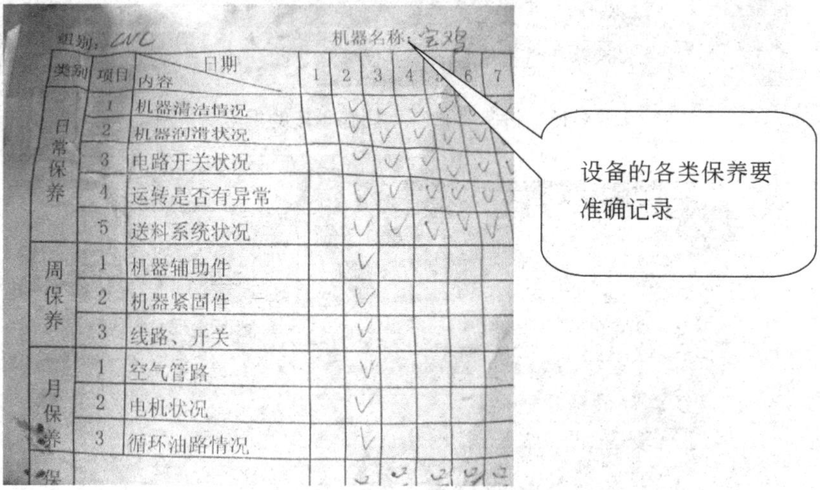

图4-18　设备保养要有记录

（2）定期点检，可以根据不同的设备，确定不同的点检周期，一般分为一周、半个月或一个月等。

（3）专题点检，主要是做精度检查。

4.2.2.2　点检结果处理

对于设备点检中发现的问题，在进行处理时要按问题的难易程度而采取不同的方式。

（1）一般经简单调整、修理可以解决的，由操作人员自己解决。

（2）在点检中发现的难度较大的故障隐患，由专业维修人员及时排除。

（3）对维修工作量较大，暂不影响使用的设备故障隐患，经车间机械员（设备员）鉴定，由车间维修组安排一级保养或二级保养计划，予以排除或上报设备动力部门协助解决。

4.2.2.3 发现不良设备的处理

在日常点检或使用中如发现设备不良,班组长应记录不良内容,并立即向上司报告,并作以下处理。

(1)对设备的处理。

——如该设备有备品,则对备品点检后使用备品替代。使用备品之后,应对产品进行分别管理以便不良追溯。

——设备不良,可自行修复或排除故障的,由班组长处理,处理方法须得到主管人员的认可。

——对自己不能修复的设备,班组长应填写"设备修理申请表"(见表4-9),经主管人员认可后交相关部门处理。

表4-9 设备修理申请表

班组:

设备编号		设备名称	
故障描述:			
申请维修明细:			

填表人:　　　　　　　　审核:

(2)对产品的处理。对使用了故障设备生产出来的产品,班组长必须组织人员将其挑出,并通知品质部门进行重新检验。

4.2.3 对设备常整顿

作为班组长,保持现场的干净、整洁是一项重要的日常工作,因此班组长需要组织人员做好设备的整顿,使现场整洁有序。

4.2.3.1 机器设备的整顿

对班组的机器进行整顿,要达到容易清扫、操作和检修的目的,具体应做好以下的工作。

(1)在设备上挂好"设备操作规程""设备操作注意事项"等,设备的维修保养也应该做好相关记录。

(2)调整设备之间的距离,必须注意设备不能摆放太近,要保持一定的距离,以便机器散热。

(3) 对于一些难以移动检修、清扫的设备，可以考虑在设备下面加装滚轮。

4.2.3.2 作业台、台车的整顿

作业台、台车进行整顿前，首先要进行整理，留下日常生产所使用的备品、备种。具体整顿时，应注意以下事项。

(1) 台或架的高度不齐时，可在下方垫至高处齐平，还可加装车轮使之移动方便。

(2) 制作能搭载作业必要物品的台车，在换模换线或零件替换时，可以将台车作整组更换。

(3) 台或架等，不可直接放置在地面上，应置于架高的地板上。

4.2.3.3 配线、配管的整顿

为了创造安全、整洁的生产现场，必须对地面的各种配线、配管进行整顿，具体可采取以下的方法。

(1) 可以考虑在地板上架高或加束套及防止擦伤、防止震动。

(2) 在配线、配管方面必须采取直线、直角的安装，以防松脱。

(3) 在地底下的配线全部架设在地面上，并垫高脚架，每一条标上名称、编号及利用颜色进行管理。

4.2.4 对设备常清扫

设备一旦被污染，就容易出现故障，并缩短使用寿命。为了防止这类情况的发生，必须杜绝污染源，因此要定期地进行设备检查，经常细心地进行清扫。

4.2.4.1 清扫准备

在进行清扫前，要从安全教育、知识培训、技术准备三个方面进行相关准备，具体的内容如图4-19所示。

安全教育	知识培训	技术准备
对员工做好清扫的安全教育，对可能发生的事故（触电、刮伤、碰伤等）进行预防和警示	对员工就设备的老化、出现的故障、可以减少人为劣化因素、减少损失的方法等进行培训	制定相关作业指导书，明确清扫工具、清扫位置、加油润滑基本要求、螺丝钉卸除和紧固的方法及具体顺序步骤

图4-19　清扫准备

4.2.4.2 清扫范围

在进行设备清扫时需要注意以下内容。

(1) 不仅设备本身,其附属、辅助设备也要清扫。
(2) 容易发生跑、冒、滴、漏部位要重点检查确认。
(3) 油管、气管、空气压缩机等看不到的内部结构要特别留心。
(4) 核查注油口周围有无污垢和锈迹。
(5) 表面操作部分有无磨损、污垢和异物。
(6) 操作部分、旋转部分和螺丝连接部分有无松动和磨损。

4.2.4.3 实施清扫

在对设备进行清扫时,要仔细查看所有的部位,不能有遗漏(如图4-20所示)。对于清扫发现的问题要及时处理,具体应做好以下工作。

(1) 维修或更换难以读数的仪表装置。
(2) 添置必要的个人安全防护装置。
(3) 及时更换绝缘层已老化或损坏的导线。
(4) 对需要防锈保护或需要润滑的部位,要按照规定及时加油保养。
(5) 清理堵塞管道。
(6) 在机器擦洗干净后要仔细地检查给油、油管、油泵、阀门、开关等部位,观察油槽周围有无容易渗入灰尘的间隙或缺口,排气装置、过滤网、开关是否有磨损、泄漏现象。

图4-20 设备清扫角落是重点

设备的角落也要进行清扫并润滑,可以有效减少磨损

4.2.5 对设备常维护保养

身为班组长,不仅要对设备的日常使用进行监督指导,还要组织人员做好设备的维护保养,以维持设备的精度和使用寿命。

4.2.5.1 设备一级保养的事项

设备保养可以分为三级,通常班组做好一级保养就可以,具体由设备操作人员负责,由班组长指导督促。具体的保养事项见表4-10。

表4-10 一级保养的内容

序号	保养时段	操作要点
1	工作前检查	(1) 将尘埃、污物擦拭干净;滑动部分的清洁润滑 (2) 不必要的物品不放置于设备、传动部位或管线上 (3) 润滑是否足够 (4) 各部位螺丝是否松动 (5) 空转试车正常与否;传动部分有无异状或异声
2	工作中	(1) 不得从事超越设备性能范围外的工作 (2) 因故离开机器时应请人照看或停机 (3) 注意运转情况,是否有异常声音、振动、松动等情况 (4) 检查轴承或滑动部位有无发烫现象 (5) 保证油路系统的畅通,随时做好润滑 (6) 发现异常,应立即报告
3	工作后	(1) 清扫铁屑、污物,擦拭设备,清扫周围环境 (2) 检视设备各部位是否正常 (3) 工具、仪器及其附件等应保持清洁并置于固定位置 (4) 滑动面擦拭干净后,稍注机油防锈 (5) 检查安全防护装置是否牢靠

设备一级保养卡示例见表4-11。

表4-11 一级保养卡

机器名称			编号				
直接保养责任人			直接上级				

日期\保养内容	周围环境	表面擦拭	加油润滑	固件松动	安全装置	放气排水	…	保养签章	上级签章
1									
2									
3									
4									
5									
…									
31									

4.2.5.2 明确设备操作人员的保养责任

（1）将设备及管线按岗位和人头分工，做到每台设备都有人管。如图4-21所示。
（2）定期检查维护，保持清洁、无尘、无腐蚀。
（3）配合维修工检修好设备。

图4-21 设备养护责任到人

（确认责任人、保养日期、使用状况，都很清楚）

4.2.5.3 操作人员对设备保养的要求

由于设备都是由具体的作业者进行操作控制，因此对操作人员的具体要求是有效维护设备的重要内容。

（1）人员要求。操作人员对设备必须做到"四懂三会"，即懂结构、懂原理、懂性能、懂用途以及会使用、会维护保养、会排除故障。

（2）具体的操作要求。

——严格按规程进行正常操作和事故处理。

——严格控制工艺指标，做到不超温、不超压、不超速、不超负荷。

——严格执行巡回检查制度，实行听、摸、查、看、闻五字方针，认真进行检查和记录，使设备经常保持清洁、润滑、紧固、防腐。如图4-22、图4-23所示。

图4-22 做好设备日常清扫维护工作

（做好日常的清扫维护工作，保持设备的正常运行）

图4-23 设备防锈防腐措施

（不用的设备涂上油并用薄膜封装，防止机器的锈蚀）

——设备润滑要求做到"五定"（定人、定点、定质、定量、定时）和三级过滤（油桶、油壶、注油器）。

4.2.5.4 设备润滑

对设备进行润滑，减少设备磨损、提高设备利用率是班组进行设备润滑的目的。设备的润滑可以使用润滑油或润滑脂，具体作业时可采取不同的润滑方式。

（1）润滑管理的重点。生产现场设备润滑管理的重点是做好"五定"工作，具体内容见表4-12。

表4-12 润滑五定

序号	五定要求	具体说明
1	定点	根据润滑图表上指定的部位、润滑点、检查点，进行加油、添油、换油，检查液面高度及供油情况
2	定质	确定润滑部位所需油料的品种、品牌及要求，保证所加油质必须经化验合格；采用代用材料或掺配代用材料，要有科学根据；润滑装置、器具完整清洁，防止污染油料
3	定量	按规定的数量对各润滑部位进行日常润滑，要做好添油、加油和油箱的清洗工作
4	定期	按润滑卡片上规定的间隔时间进行加油、清洗、换油，并按规定的间隔时间进行抽样检验
5	定人	按规定分工，安排工作人员分别负责加油、添油、清洗、换油，并规定负责抽样送检的人员

（2）润滑加油的目视技巧。一般的机器设备往往会有好几个部位要加同一种油，这些加油嘴常分散在一台机器的各处，如果做这项工作时精力不集中分了心，忘了某个部位该加油，或同一个部位被加了好几次油，或者有的机器要在不同部位加不同的油品，而有时候员工会加错油，这些都会影响机器设备的正常运作，这时，利用目视管理可避免这种问题的发生。如图4-24所示。

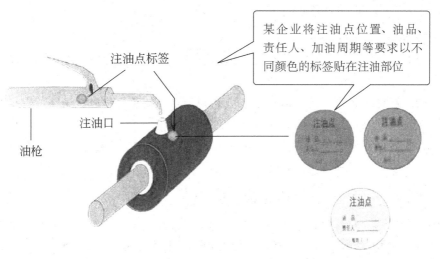

图4-24　注油点及油品的目视技巧

4.2.5.5　发现异常要及时排除

（1）发现异常状况，立即检查原因及时排除。

（2）停机后，原因不明、故障不排除不开机。如图4-25所示。

（3）各类故障及其原因和排除方法要汇编成册熟练掌握，以便准确判断和及时处理。

图4-25　停机点检有标示

4.2.6 做好设备交接

设备交接是指多班制生产情况下,不同班组交接时就设备的运行状况等进行的交接工作。在多班制操作设备的情况下,不论操作人员、班组长或维修组长,都应该在交接班时办理交接手续。

4.2.6.1 设备交接的要求

设备交接的要求如下。

(1)交班在下班之前,应将设备运转情况、故障处理情况填在交接班记录簿内,并向接班人当面交代。

(2)接班人必须在上班前15分钟到接班地点,按照交接班记录簿认真检查设备,发现问题及时提出,必要时可以拒绝接班。

(3)接班组长通过本班员工检查确认记录内容属实,没有争议后,方可接班。

(4)设备在接班后发生问题,由接班组长负责。

4.2.6.2 设备交接手续的办理方式

这种手续,一般以操作人员口头汇报,班组长记录,或由操作人员记录,班组长检查的方式进行。所有记录都要登记在"设备交接班记录簿"(见表4-13)上,以便相互检查,明确责任。

表4-13 设备交接班记录簿

交接班时间: 班次:

设备名称	设备编号	型号规格
设备运行情况:		
保养情况:		
设备附属工具情况:		
注意事项:		

交班人: 接班人:

4.2.6.3 设备交接内容

交班人员应将设备使用情况，特别是隐蔽缺陷和设备故障的排除经过及现状，详细告诉接班人员，或在记录簿内详细记载。接班人员要对汇报和记录核实，并及时会同交班人员采取措施，排除故障后，才可接班继续进行工作。接班人员如果继续加工原工作班已开始生产的工序或零件，也可不停机交接。

4.2.6.4 设备交接标准

在设备交接时，一般应达到下列四项标准，达不到标准，可以不接班。
（1）风、气、水、油不漏。
（2）油眼畅通，油质良好。
（3）设备清洁，螺丝不松。
（4）工具、附件等清洁完整。

4.3 Material——物料管理

任何一个产品都是由零散的物料所构成的，在生产前班组长只有清楚地了解产品的所需物料，才可能正确地领料，以及避免生产过程中用错料，可最终确保产品符合客户的要求。

4.3.1 了解生产物料的类型

生产物料是指产品生产所需用的各类材料。主要分为以下两个类型。

4.3.1.1 生产主物料

生产主物料是产品生产所使用的主体材料，如塑胶产品的塑胶件、衣服的布料、电子产品的线路板组件等。

4.3.1.2 生产辅物料

生产辅料是相对于主要物料而言的具有辅助性能的物料，其范围常因产品类别的不同而不同。如电子产品在生产中的辅料主要如下。
（1）清洁剂类，如天那水、抹机水等。
（2）胶类，如黄胶、绿胶、黑胶、专用胶等。
（3）散热油类。
（4）焊锡类，如锡类、锡条、锡膏、助焊剂等。

(5) 包扎用品类,如绳子、包扎线等。
(6) 防腐剂类,如干燥剂、防腐油等。

4.3.2 物料的领用

4.3.2.1 正常领料

物料领用时要根据生产制造通知单上所列产品及物料BOM清单,来填写领料单去领料,填写时要清楚、完整,以确保领用到正确的、合格的物料。要求仓管人员和领料人员对物料的状态进行确认,不合格的料不发放到生产线上去。

4.3.2.2 退料补货

生产线上如果发现有与产品规格不符的物料、超发的物料、不良的物料和呆料,应进行有效的控制,进行退料补货,以满足生产的需要。

退料补货往往要涉及多个部门的工作,如货仓部负责退料的清点与入库、品管部负责退料的品质检验、生产部负责物料退货与补料等,所以有必要制定一份物料退料补货的控制程序。补料单见表4-14。

表4-14 补料单

制造单号:		产品名称:		编号:	
生产批量:		生产车间:	□物料 □半成品	日期:	

物料编号	品名	规格	单位	单机用量	标准损耗	实际损耗	损耗原因	补发数量	备注

生产领料员: 仓管员: PMC:

4.3.2.3 要对物料超领加以控制

当"领用单"上所核定数量的物料领用完毕后,生产线上不论何种原因需追加领用物料时,必须由生产线相关人员填具"物料超领单"方可领料,并要注明超领物料所用的制造命令号码、批量、超领物料编号、名称、规格及超领数量、超领率,并详细阐明超领原因。

(1) 超领原因分析。
——原不良品补料(即上线生产时发现物料不良,需追补)。

——作业不良超领（因生产作业原因造成物料不良需超领）。

——下道工序超领（因下道工序超领物料，需本工序追加生产数量，导致需追加领料）。

——其他突发原因。

（2）超领权限规定。

——确定可领用数量。其中单位产品用量及损耗率依"产品用料明细表"确定。

可领用数量＝制造命令批量×每单位产品用量×（1＋损耗率）

——超领率低于1%时，由班组长审核后，可领用物料。

——超领率大于1%小于3%时，由班组长审核后，转生产管理部物控人员审核后，方可领用物料。

——超领率大于3%时，除上述人员审核外，需经生产副总审核，方可领用物料。

——"物料超领单"一般一式四联，一联由生产部门自存，一联交仓库，一联送生产管理部门物控人员，一联交财务部，见表4-15。

表4-15 物料超领单

领用部门：　　　　　　　　　　日期：

制造命令号：			批量：		
超领物料编号	名称	规格	超领数量	超领原因	超领率

仓管员：　　　　　　　　　领料员：

注：本单一式四联，第一联生产部自存；第二联交仓库；第三联送生产部领料员；第四联交财务部。

4.3.3 物料在现场的放置

将物料从仓库领出来，生产之前就摆放在生产现场。生产现场物料的放置非常重要，如果这项工作做不好，很容易造成混料，而好物料与不良物料若混在一起会影响后续加工过程中产品质量，而若同一品种不同规格的物料放在一起（尤其是规格区分不大的情况），则容易造成混装，如将B产品的零件装到A产品上，结果生产出不良品，并导致成本难以控制等一系列问题。

4.3.3.1 划分物料放置区域

为方便物料有效地区分，在现场的物料放置区可划分为以下6块，见表4-16。

表4-16 物料放置区划分

序号	区块划分	所放物料种类
1	合格材料区	放置即将要投入生产的合格物料
2	不合格材料区	放置作业中发生或发现的不良品（通常需要采取隔离或封锁措施，以防误用）
3	辅助材料区	放置周转、加工等辅助工序用的物料
4	半成品放置区	放置或转移加工品
5	成品待检区	放置完成品
6	合格成品区	放置QA检验合格的产品（该区域可规划给仓库）

4.3.3.2 按"三定原则"放置物料

按"三定原则"放置物料，如图4-26所示。

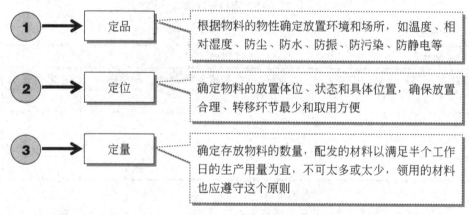

图4-26 三定原则

4.3.4 生产现场中不良物料的处理

生产中发生不良物料时生产现场应按返交不良品的方法与仓库交涉，仓库则依据生产现场开具的"物料返库单"进行处理。具体的步骤和方法如下。

（1）生产现场开具物料返库单和不良物料。

（2）将返库单和不良实物一起交品质部IQC检验。

（3）IQC区分不良物料是属于自体不良还是作业不良后签字。

(4)生产现场领回物料返库单和检验的不良实物,交到仓库。
(5)仓库依据返库单补发相应的物料给生产现场。
(6)仓库将自体不良的物料退供应商,作业不良的物料实施报废。
(7)仓管员将有关数据记录、入账。

4.3.5 物料不用时的管理

不用的物料是指由于生产要素的制约或突变,本批次生产结束后,没有全部使用完毕的物料。呆料、旧料都可归为不用的物料。

现在的工厂多为少批量多品种的生产模式。在同一条生产线上,不同的机种来回切换生产的现象频繁发生,每一次生产活动结束后,所有的物料很难刚好全部用完,即使一开始采购的是完整的配套物料,其结果不是这个多了点,就是那个少了点。

4.3.5.1 不用的物料产生的原因

不用的物料产生的原因通常有以下3点,见表4-17。

表4-17 不用的物料产生的原因

原因类别	原因细节
设计上的原因	(1)设计失误:正式生产后才发现错误所在,重新设计后,旧版本的物料来不及处理掉,堆积在制造现场 (2)设计变更:若是自然切换,可以混入使用的最好,但若要完全"对号入座",旧物料可能完全不能用,于是被积压下来
生产销售计划上的原因	(1)计划变化快,一条生产线上什么都做 (2)客户突然取消订单,生产、出货计划被迫紧急变更,制造对应措手不及,处于生产途中的物料无处可去,形成积压 (3)生产要素突生变故,生产能力波动巨大,一会多用、一会少用,如:设备发生故障,一时半会无法动弹,预定投料无法进行;某个物料消耗量偏离计划,而其他物料无法与之配套生产完毕等
采购上的原因	(1)没有严格按生产计划进行采购,绝大多数情况下是买多不买少 (2)供应商没有严格控制实际包装数量,"合格证"上的记录与实数相差较大,扰乱了配套生产计划的实施

4.3.5.2 持有现场暂时不用的物料的不良作用

(1)容易造成相互串用和丢失。每一次机种切换,都会涉及生产要素再设置的问题。对前一机种用剩的物料,若不及时在各工序上回收保管,作业人员就会把它摆放在自己认为不会出错的地方,有的还会画上只有自己才明白的标记,如果隔几天,该作业人员因故缺席的话,顶位人员就有可能误用物料,尤其是外观上极其相似的物料,从而造成一大堆不良品。

(2)管理成本增大。物料多一个分布地点,就等于多出一个物流环节,那么就要多一分管理力量去对应。

(3)浪费生产现场空间。工序上的作业空间本身就很有限,如果什么物料都堆在现场的话,生产现场必定杂乱不堪,同时由于生产现场不恰当地担负起仓管职能,妨碍了物流的顺畅。

因此,暂时不用的物料,不应该长时间摆放在生产工序上,它会分散现场管理力量,有可能导致不良品的发生。

4.3.5.3 应对措施

(1)设置暂时存放区。对同一生产线(机台)来说,如果几个机种在很短时间需要来回切换,剩余的物料不停地在仓库与生产现场之间进进出出,搬运成本就会居高不下,这时不妨在现场划出一块地方,做上明显标志,将所有暂时不用的物料,封存好后移到该处。具体要求如下。

——只有小日程计划生产的物料才可以在暂时存放区摆放。

——虽然小日程计划里要生产,但是数量多、体积庞大,或者是保管条件复杂的物料,则应该退回物料仓库进行管理。

——不管是现场保管还是退回仓库,都必须保证其品质不会有任何劣化。

——中日程或是大日程计划里才生产的物料应该退回仓库进行管理。

(2)产品切换前物料全部"清场"。从第一个生产工序开始,回收所有剩下的物料,包括良品和不良品,点清数量后,放入原先的包装袋(盒)中,用标贴纸加以注明,然后拿到"暂时存放区"摆放。若不良品不能及时清退时,良品与不良品要分开包装,不良品还得多加一道标示。物料"清场"要注意以下事项。

——要特别留意修理工序上的备用剩余物料,如不仔细追问,修理人员是不会主动"上缴"这些物料的。

——是否有短暂外借给其他部门的物料,如果有,要设法尽快追回或约定返还日期。

——有无跌落在地面上的小物料,或是停留在设备夹缝里的物料。

——在旧物料"清场"的同时,不要派发新物料,除非相关作业人员已经十分熟练。

——如有残留在机器内部的物料,必须彻底排出。

(3)其他要求。需要暂时存放的物料同样也要遵守"先来先用、状态良好、数量精确"三原则。

——用原装包装盒(袋、箱)再封存起来,如果原包装盒(袋、箱)破损,可以用保鲜薄膜或自封胶袋处理。总之,要采取防潮、防虫、防尘等措施。

——要留意有无保质期限要求的物料，若有，则要考虑有无暂存的必要。
——如有可能，机种切换后，前一机种的不良品要立即清退给前工序。
——暂时存放的各种标志要确保显眼。
——下次生产需要时，要优先使用"暂时存放区"里的物料。
——封存后的物料也要定时巡查一下，以防不测。

4.3.6 产品扫尾时物料的处理

4.3.6.1 转换生产机种的物料处理

转换生产机种的物料处理主要由生产现场负责进行，但必要时可要求仓库配合。具体方法如下。

（1）生产现场负责实施物料的撤除和清点等工作。
（2）对于剩余在生产线的量比较多的物料，生产现场可以申请入库管理。
（3）仓库把申请入库的物料放置在机动区，待下次生产时优先发出。
（4）申请入库的物料一般不实施入账管理。
（5）对于产生的不良品同样实施入库，按不良品管理。

4.3.6.2 完成订单批量的物料处理

生产中每完成一张订单的批量时，需要进行物料的扫尾工作，这个工作由仓库和生产现场合作进行。具体方法如下。

（1）生产现场负责实施该批量全部物料的撤除和清点等工作。
（2）所有剩余在生产线的物料要列成清单，按剩余物料申请入库管理。
（3）仓库把申请入库的物料通知IQC检验。
（4）检验合格的物料实施入库管理，不合格物料按不良品处理。
（5）仓库统计该批量生产物料的损耗情况，并制定报告书。
（6）这类入库的物料要实施入账管理。
（7）对于完成制作的不良品同样实施入库，按不良品管理。

4.3.6.3 产品生产结束的扫尾方法

产品生产结束指的是该产品已没有生产计划或订单，并且在今后比较长的时间内不会再生产的产品。对这类产品要实施彻底扫尾，具体方法如下。

（1）生产现场负责实施该产品全部物料的撤除和清点等工作。
（2）所有剩余在生产线的物料要列成清单，按剩余物料申请入库管理。
（3）仓库把申请入库的物料通知IQC检验，检验合格的物料分成两类：通用物料和专用物料。把通用类物料实施入库管理，入账后等待重新使用；专用类物料入库后放置在机动区保管,如果保管一年后还派不上用场的话就实施报废处理。

(4) IQC检验不合格的物料入库后按不良品处理。

(5) 仓库统计该产品生产物料的损耗情况,并制定报告书。

4.3.7 生产中剩余物料的处理

4.3.7.1 生产中的剩余物料产生原因

生产中的剩余物料是指因工作失误、改进工艺、发生设计更改和计划改变等情况而导致在预定的计划期内无法再使用的物料。虽然这些物料是现实存在的,但暂时不会用它们了,所以,它们是纯多余的。从降低库存成本的角度出发,要尽快处理掉它们。

通常,剩余物料产生的原因有以下8点。

(1) 错误采购。

(2) 在采购实施后生产开始前,因发生设计变更而导致不用。

(3) 供应商随批量供货的附加损耗物料。

(4) 因设计用量偏大而实际使用不了所多出的。

(5) 采购部门为预防物料损耗或贪图廉价而多采购的。

(6) 生产部门因改进工艺、提高技术而节约的。

(7) 因取消出货而积压的产品。

(8) 因取消出货计划而停止生产后所积压的物料。

4.3.7.2 剩余物料的处理方法

剩余物料也是花钱买来的,因此,首先要想方设法利用它,并且尽可能提高其利用价值。

(1) 常用处理方法。通常利用它的方法如下。

——型号、规格相同的剩余物料可以申请按通用物料互用。

——型号、规格相近的剩余物料可以申请按特采物料使用。

——使用不了的物料应首先想到能否退还给供应商。

——没法处理的比较贵重的物料,要在保管一段时间后再看看有无使用的机会。

(2) 按废品处理。实在找不到使用机会的剩余物料按废品处理,包括如下物料。

——因保质期、场地等因素限制,不宜继续保管的物料。

——没办法处理的一般物料,在预见的时期内也不会有用。

——已经保管一段时间后仍然找不到使用机会的比较贵重的物料。

4.3.8 生产辅料控制

辅料的特点是随着时间的延长，其有效期一般会逐渐下降。人们往往不重视生产辅料的管理，从而造成浪费，增加生产成本，所以，班组长必须重视起该项工作。

4.3.8.1 由专人管理

由专人管理即指定专职管理人员，负责订购、保管、派发、统计等工作。

辅料的派发方法，传统的做法是由生产现场派人到仓库领取，即坐等式，"你不来就别想拿到"，因为领取手续烦琐，容易招致生产现场的怨言。其实可改为送货上门，将当日所需的辅料预先放在小推车上，送货员定时、定点推过，有需要的作业人员立刻就能得到辅料。送货上门式派发辅料还有以下好处。

（1）直接供给生产工序，避免各个生产现场（生产线）持有在线库存，变多头管理为专人管理。

（2）节省直接生产人员的工时，避免现场出现为领取辅料而离岗的行为。

（3）可增进辅料管理者对辅料用途、使用工序的了解，同时可起到监督、检查作用。

（4）减免辅料在现场的摆放空间。

4.3.8.2 确定单位辅料用量

每件产品到底要用掉多少辅料，每个月要用掉多少，班组长必须进行计算，绝不可抱持"多领一些也不碍事"，或者是"先用了再说"的态度。

制造部门统计单件产品的实际消耗量（也可统计月耗量），通知生产管理部门，然后生产管理部门根据生产计划事先购入相应的数量。当然，辅料也要设定最低安全在库数，用量一旦确定，生产便要严格实行定额管理。

4.3.8.3 分门别类保管好

有的工厂将辅料长期堆放在储藏室里，无人问津，发霉、变质都没人知道；有的工厂买来辅料后就直接摆放在生产现场，任人取拿……导致产生不少呆料、缺料等事件经常发生，使生产备受影响。辅料也要按用途或保管条件的不同分门别类保管好，如危险品要隔离管理、胶水需要在阴暗处存放、易燃易爆品要在无烟火处存放等。

4.3.8.4 定期统计台账寻找规律

每一种辅料都要设置"台账"进行管理，有了"台账"，随时可以知道辅料进出情况。班组长可每个月或每周对进出数据进行统计、分析，从中可以发现一些规律。如同样一种辅料，为什么甲乙两个部门的使用量相差很大呢？也许产量不同，也许使用机种不同，也许管理水平不同……总之，要找出一个规律来，见表4-18。

表4-18 辅料进出管理台账

名称：　　　　　　　　　　　　数量：
型号：　　　　　　　　　　　　日期：

入库栏				出库栏					
日期	来源	数量	订单号	日期	去向	数量	领用人	剩余	责任人
说明	（1）每次进出库都及时记录 （2）每月盘点一次，核对账面和实数的差异 （3）除"领用人"一栏签名之外，其他栏目由辅料管理者填写								

4.3.8.5 简化领取手续

企业可在"辅料管理台账"上分开新领和更换（以旧换新）两种，新领要有上司（规定为某一职务以上）的批准，更换则只需要退还用剩的残壳，如外包装盒（袋、箱）等物，无须上司确认就可予以更换。设立辅料新领申请单，见表4-19。

表4-19 辅料新领申请单

申请部门：　　　　　　　　　　　　　　　　日期：

辅料名称	需要数量	申请人	上司确认
说明	（1）该表由申请人填写，经上司确认后，交仓库收回存底备查 （2）职务为主管以上的，才有权力审批新辅料 （3）多增加使用数量，视为新领		

4.3.8.6 以节约为原则

通常,企业在明确领取和更换条件后,对以旧换新的辅料还应该设定更换样品,让使用者都知道,既不能"以优充次",能用的故意不用,也不能"以次充优",不能用的还硬要用,见表4-20。

表4-20 辅料以旧换新方法说明

名称:　　　　　　　　　　　数量:
型号:　　　　　　　　　　　日期:

项目	更换方法	备注
胶水类	(1)用完后,保留原罐,以旧换新 (2)用小容器细分,按实际用量,发够一天所需量	
油脂类	(1)用完后,保留原罐,以旧换新 (2)辅料小车定时推过,不足时,及时添加	
烙铁头	以坏换新	
手套	每次发给两对,以旧换新	约每周一对
电池	QC检查人员每人2对,其他人1对,用尽后在底部打"×"字,以旧换新	每对约使用17小时
说明	(1)以上辅料如要增加使用量时,也要重新申请 (2)严禁人为破坏,造成以旧换新的局面 (3)更换时无须签字或盖章,由辅料管理者记录消耗数量 (4)本部门主管定时巡查,如有发现多余,一律上交	

4.3.8.7 完备报废手续

完备报废手续即用完的残渣、壳体,不能随便扔进垃圾堆里,员工应遵循相应的规定。更换时,班组领料员要出示用剩的残物(如包装盒、包装袋),这样做除了可以简化更换手续外,还有以下作用。

(1)可防止再次冒领。如不能出示旧残物,便不能得到新的,只有通过申请才能得到,那么当事人就无法绕过上司的监督。

(2)可以按统一标准确认损坏程度,防止错误判定。预先设定样品的话,更换人可以参照样品判定,避免误差。

(3)有些残物要特殊对待,不能作一般生活垃圾处理,如一粒碱性电池,抛弃在自然环境中时,足以污染60平方米的地下水。因此有的辅料要深挖掩埋,有的要交由专业公司处理,总之,要考虑避免环境污染。

(4)有的可变卖出去,化废为宝,创造二次效益。

(5)可以核对进出数量有无差异。

当然，处理（3）～（4）项时，班组领料员也要填写"辅料废弃申请表"，见表4-21。

表4-21 辅料废弃申请表

名称	型号	数量	废弃理由	经办人	认可

4.4 Method——现场工艺的管理

工艺是产品生产方法的指南，是计划、调度、质量管理、质量检验、原材料供应、工艺装备和设备等工作的技术依据，是优质、高效、人员低耗和安全生产的重要保证手段。

4.4.1 领用正确的工艺和技术文件

4.4.1.1 工艺和技术文件的种类

班组长有必要对工艺和技术文件的种类有充分的了解，具体如图4-27所示。

工艺流程图 —— 流程图是说明产品制造与加工过程的顺序图；工艺流程图作为制作QC工程表时的基础资料使用；个别接单生产的工厂只用工艺流程图作为标准书向作业者进行说明、指导

图纸、部品表 —— 图纸、部品表在进行部品加工和组装作业时，作为基准资料使用

作业指导书 — 作业指导书是规定作业方法与要求的技术性文件，作业指导书中必须包括作业名、顺序、加工条件（加工方法）、材料、管理要点（含频率）、作业步骤及方法、使用设备（治工具）、适用机种、管理号、作成日、作成者印、审查印、改订栏

作业标准书 — 写明作业者进行的作业内容，起传达作业内容的指导作用

QC 工程表 — QC 工程表内写有生产现场的工艺步骤及其作业内容，在保证品质、技术和对生产现场的指导、监督上发挥作用，另外，在不良品发生和工伤事故发生时，可据此探明原因以及建立对策方案

工厂规格 — 对与生产有关的各种规格作出规定，是进行各种作业时的基准资料，以下为工厂规格的种类：图纸规格、制图规格、设计规格、产品规格、材料规格、部品规格、制造作业的标准、工程规格、治工具规格、设备规格、检查规格、机器检查工具规格、包装规格、一般规格

BOM 清单 — BOM 清单是产品全部构成材料的清单

样板 — 样板是能够代表产品品质的少量实物，它或者是从整批产品中抽取出来作为对外展示模型和产品质量检测所需，或者在大批量生产前根据产品设计而先行由生产者制作、加工而成，并将生产出的样品标准作为买卖交易中商品的交付标准；样板作为产品品质的展示时，代表同类产品的普遍品质，包括产品的物理特性、化学组成、机械性能、外观造型、结构特征、色彩、大小、味觉等；样板是制造与检验标准工艺装备、生产工艺装备、零件、组合件和部件的依据

图 4-27

工程变更通知单 —— 工程变更通知单是工程部发出来的工程变更指示书，它涵盖有工程设计、结构、原材料、作业方法、工序及生产场地等，所有涉及与生产有关的方面的变更均适用，概括地讲就是4M1E五个方面的内容凡涉及变更都要以工程变更通知书的形式反映出来

图4-27 工艺和技术文件的种类

4.4.1.2 确认技术性文件准确

班组长在准备工艺和技术标准文件时，要确认所有的文件都是最新版本，如果不是最新版本，那么，员工们制造出来的产品会达不到顾客的要求，甚至有可能就是废品。班组长在确认技术性文件时应注意如图4-28所示要点。

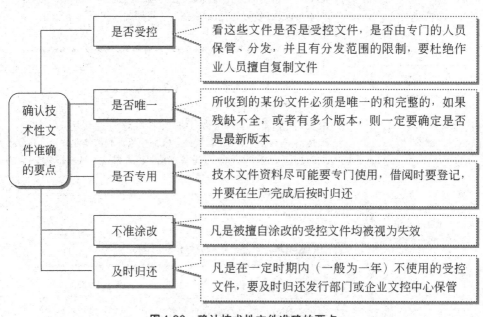

确认技术性文件准确的要点：

- **是否受控**：看这些文件是否是受控文件，是否由专门的人员保管、分发，并且有分发范围的限制，要杜绝作业人员擅自复制文件
- **是否唯一**：所收到的某份文件必须是唯一的和完整的，如果残缺不全，或者有多个版本，则一定要确定是否是最新版本
- **是否专用**：技术文件资料尽可能要专门使用，借阅时要登记，并要在生产完成后按时归还
- **不准涂改**：凡是被擅自涂改的受控文件均被视为失效
- **及时归还**：凡是在一定时期内（一般为一年）不使用的受控文件，要及时归还发行部门或企业文控中心保管

图4-28 确认技术性文件准确的要点

4.4.1.3 组织员工学习工艺文件

领用好这些工艺和技术文件后，班组长一定要组织员工进行学习，尤其是新产品、新工艺，要请相关部门如工艺部、设计部的工程师来进行指导。另外一种情况是，如果班组里有新员工，则更要加强其对作业标准的学习，以使其彻底了解。

（1）新员工教育。

——讲给新员工听：把作业方法及要领讲给他们听。

——做给新员工看：把动作要领、步骤做给他们看。

——让新员工做做看：按动作要领和步骤让他们做做看。

——纠正后，再让新员工做做看：纠正他们的错误做法和非标准的作业，并对步骤进行再指导，直至他们做得完全正确为止。

（2）熟练员工的作业指导。有许多熟练员工在自己的作业中掺杂着许多自己的习惯动作，其中有些是不正确的，因此有必要在工作中将它们纠正过来，使其作业标准化。

4.4.2 进行工序质量控制

工序质量控制就是把工序质量的波动限制在要求界限内所进行的质量控制活动。

4.4.2.1 确定工序质量控制点

工序质量控制点是指产品生产过程中必须重点控制的质量特性、关键部位、薄弱环节和主导因素。可以以质量特性值、工序因素等为对象来设置工序质量控制点。一般按以下四点原则设置工序质量控制点。

（1）在全部质量特性重要性分级中，被分为A级的质量特性和少数为B级的质量特性以及关键部位。

（2）工艺上有特殊要求，对下道工序的加工、装配有重大影响的项目。

（3）内外部质量信息反馈中出现质量问题多的薄弱环节。

（4）关键工序、特殊工序。

4.4.2.2 对质量控制点加以控制

（1）用文件形式明确质量控制点。用工艺流程图或质量控制点明细表（见表4-22）等文件形式明确质量控制点，确定需控制的质量特性和主导因素。

表4-22 工序控制点明细表

产品名称：　　　　　　　　　　设备：

序号	零件号及名称	工序号	控制点编号	控制点名称	技术要求	检测方式	检测工具	检验频次	质量特性分级			管理手段
									A	B	C	

（2）编制质量控制点作业指导书和多种技术文件。如作业指导书；设备操作及维护保养规定、设备定期检查记录卡、设备日点检记录卡；工装维护保养规定、工装定期检查记录表；量检具调整与维护保养规定、量检具周期校准记录卡；检验作业指导书、检验记录表，以及控制图等。

（3）对质量控制点所用的设备、工装进行事先评估、鉴定，并做好点检、维护保养工作。

（4）质量控制点的员工必须经过培训，考核合格后持证上岗。

（5）规定对质量控制点进行连续监控的方法和要求，按规定实施监控，并做好各类监控记录。

4.4.2.3 认真贯彻操作规程

管理的本质，就在于忠实地执行规程，按规定进行操作。班组在"三定"（定人、定机、定工种）的基础上，实行"三按"（按标准、按图纸、按工艺）生产，严格工艺纪律，对违纪的责任者认真查处，把操作或这个"主导因素"加以控制，确保工序质量。

4.4.2.4 加强工艺纪律管理

班组长应加强工艺检查，促进技术水平的不断提高。工艺检查是工艺管理方面的必要补充，是衡量设计水平高低和车间执行情况的手段，通过工艺检查，发现问题，采取措施，及时解决，促进技术管理水平的提高。工艺检查必须按照工艺要求，每天对生产工艺进行测查，贯彻自查和抽查相结合的原则，严格工艺规律，对于不执行工艺和执行工艺差的车间和工人，除思想上进行教育、技术上进行帮助外，还必须采用必要的经济手段进行惩罚，提高工艺符合率，稳定生产，提高产品质量，促进技术水平的不断提高。以下为某企业的工艺纪律检查表，见表4-23、表4-24。

表4-23 工艺纪律检查整改措施表

检查部门		检查日期		检查人员		编号	
存在问题：							
填写人：			责任部门主管：				
整改措施：							
责任部门编制：			审核：			日期：	

续表

整改措施完成情况：	
责任部门主管： 日期：	
复查整改措施：	
复查人： 日期：	
此表由品质部签发下达，传递程序：品质部——各部门——品质部存档	

表4-24 日常工艺纪律检查表

检查部门： 检查工序：
检查人员： 检查日期：

序号	检查内容	结果
1	工艺文件、产品图纸是否齐全、清晰，无废止的工艺文件和产品图纸	
2	原材料、毛坯是否符合工艺规定，技术证件完整、齐全	
3	产品按规定做到防锈、防变、妥善摆放，无碰磕、划伤，符合定置管理规定要求	
4	按工艺文件和控制文件规定的工步、工艺参数和作业指导书内容操作	
5	按工艺流程和定点作业的规定组织生产，不进行突击而任意压缩工序时间，也无造成工艺流程倒置	
6	重要工序、特殊工序的工艺文件、质量记录齐全完整	
7	特殊工序工艺参数实施连续监控，查监控记录	
8	按规定填写原始记录，分析工序质量是否出现变动	
9	刀量具、砂轮和工具等按规定选用、刃磨、更换和使用	
10	建立废品隔离站和按隔离制度执行	
11	螺丝松紧件应加上螺栓紧固标志	
12	按规定做好设备维护保养并作好记录	
13	按规定做好设备运行记录，确保能正确使用	
14	特殊工种的工人按规定取得操作合格证，持证上岗	
15	产品标识、区域标识符合文件规定要求	
16	填写好质量记录	
17	重要工作、特殊工序是否实行三定（定人员、定设备、定工艺方法），保证产品质量稳定	

4.4.3 加强工艺装备（工装）的现场管理

工装就是工艺装备，包括模具、夹具、夹辅具、刀具、专用量具（检具）、工位器具等。现场工艺装备（工装）管理的基本任务是：及时地申请领用生产中所必需的工装，做好工装的成套性工作，并合理使用和保管，在保证生产正常进行的条件下，延长工装使用寿命。为完成任务，必须做好以下工作。

4.4.3.1 工装领用制度

对员工使用工装应建立借用制度，定期归还，以免长期流转在生产中使质量受损。生产现场应有工装使用保管卡片或管制表（见表4-25），记录操作人员领用工装的型号、数量、名称、规格、日期，应根据工艺文件的规定予以领用。对于共同工装也应建卡管理，个人使用时办借用手续，进行登记，用后及时归还（如图4-29所示）。工装收回时要进行技术检查，对已有磨损的要及时修理或报废。

表4-25　工具管制表

工具编号	适用机种（品名）	工具名称	规格	数量	领用		归还		备注
					日期	签名	日期	签名	

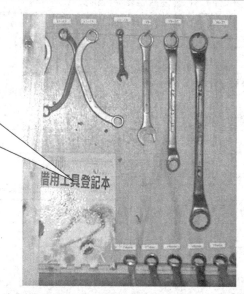

设立一个借用工具登记表，每次借和还都有登记，工具遗失的可能性就少了

图4-29　建立工装借用登记制度

4.4.3.2 合理使用工装

（1）结合多种产品的上场、下场，做好工装的上场准备与下场清理。

（2）在每种产品下场后，对生产中使用的工装要及时清理，进行鉴定，根据情况分别安排退库、改进或修复等工作，以保证产品再次上场时使用。如图4-30所示。

工装箱要保持整齐，要有专人进行管理

图4-30　工装定时整理

（3）工装的使用应按工艺要求，在工装强度、性能允许的范围内使用，严禁串规代用（如螺丝刀代替凿子、钳子代替锤子）。

（4）不允许专用工装代替通用工装，精具粗用的现象应坚决禁止，并在使用中注意保持精度和使用的条件。

4.4.3.3　妥善保管工装

（1）工装应放在固定场所，有精度要求的工装应按规定进行支撑、垫靠。如图4-31所示。

（2）工装箱要整齐、清洁，定位摆放，开箱知数，账物相符。

（3）无关物品，特别是私人用品不允许放在工装箱内，使用完毕后的工装应进行油封或粉封，防止生锈变形，长期不用的工装应统一保管。

图 4-31 某企业的模具状态一览表

（某工厂的模具状态一览表）

4.4.3.4 做好工装的清点和校验工作

（1）每天查对工装箱一次，一周账物核对一次，以保持工装账物相符。

（2）贵重和精密工装要特殊对待，切实做好使用保管、定期清洁、校验精度和轻拿轻放等事项。

（3）量具要做好周期检查鉴定工作，使之处于良好的技术状态。

4.4.3.5 做好工装的修复报废工作

（1）工装都有一定的使用寿命，正常磨损和消耗不可避免，但凡能修复的应及时采取措施，恢复其原来的性能，如刀具的磨研、量具的修理等。对于不能修复的工装，在定额范围内可按手续报废并以旧换新，对于节约工装和爱护工装的员工应给予表扬。

（2）生产现场还应协助做好专用工装的试验（如试模）工作，对专用工装提出修改意见。

（3）对于违反操作规程造成工具夹、刀具报废等情况，要查明原因，追究责任。

（4）个人遗失工装要填写"工装遗失单"，根据情况实行赔偿处理。

4.4.3.6 常做整理整顿工作

减少走动、减少寻找、易取易放是工装夹具整顿和提升效率的方向。

（1）装夹具等频繁使用物品的整顿。应重视并遵守使用前能"立即取得"，使用后能"立刻归位"的原则。

——应充分考虑能否尽量减少作业工具的种类和数量，如利用油压、磁性、卡标等代替螺丝，或使用标准件、将螺丝共通化，以便可以使用同一工具。如平时使用扳手扭的螺母是否可以改成用手扭的手柄,这样就可以节省工具;或者想想能否更改成兼容多种工具使用的螺母,即使主工具突然坏了,也可用另一把工具暂代使用;又或者把螺母统一化,只需一把工具就可以了。

——考虑能否将工具放置在作业场所最接近的地方,避免取用和归位时过多的步行和弯腰。

——在"取用"和"归位"之间,须特别重视"归位"。需要不断地取用、归位的工具,最好用吊挂式或放置在双手展开的最大极限之内。采用插入式或吊挂式"归还原位",也要尽量使插入距离最短,挂放方便又安全。

——要使工具准确归还原位,最好以复印图、颜色、特别记号、嵌入式凹模等方法进行定位。如图4-32所示。

图4-32 工具的形迹定位法

（2）切削工具类的整顿。切削类工具需重复使用,且搬动时容易发生损坏,在整顿时应格外小心。

——经常使用的,应由个人保存;不常使用的,则尽量减少数量,以通用化为佳。先确定必需的最少数量,将多余的收起来集中管理。

——刀锋是刀具的生命,所以在存放时要方向一致,以前后方向直放为宜,最好能采用分格保管或波浪板保管,且避免堆压。

——一支支或一把把的刀具可利用插孔式的方法,好像蜂巢一样,即把每支刀具分别插入与其大小相适应的孔内,这样可以对刀锋加以防护,并且节省存放空间,且不会放错位。

——对于一片片的锯片等刀具可分类型、大小、用途等叠挂起来,并勾画形迹,易于归位。

——注意防锈,抽屉或容器底层铺上易吸油类的绒布。

4.5 Environments——作业环境改善

班组作业环境的管理是要确保有一个良好的、安全的作业环境，保证班组作业人员在作业环境中，既能按时保质、保量地完成任务，又能在连续的工作中无疲劳感，并且在长期工作中，作业环境对人体健康无任何不良影响。

4.5.1 生产设备的布局

设备布局是指按工艺流程、安全和卫生的要求合理地安排生产设备。生产设备的布置，首先要满足工艺流程的要求，其次要满足安全与卫生的要求，综合考虑便于操作、安全、作业流动等因素，在布置各种大、中、小型生产设备时必须确保各设备之间有足够的空间（如图4-33所示）。具体要求如下。

机器之间要有间距，既便于散热也方便检修

图4-33　设备间保持合理的间距

（1）生产设备的间距以活动机件达到最大范围计算，其中小型设备与中型设备的间距不小于1米，大型设备之间的间距不小于2米。

（2）生产设备与生产现场的墙、柱之间的距离同样按活动机件达到最大范围计算，小型或中型生产设备与墙柱的间距不小于0.8米，大型生产设备不小于0.9米。

（3）小型生产设备的操作空间不小于0.6米，中型生产设备的操作空间不小于0.8米，大型生产设备的操作空间不小于1.1米。

布置大型机械设备时，应考虑操作时原料、半成品、成品和废料的摆放，同时考虑到操作者的动作不影响别人，所以，必须留有宽敞的通道和充足的出料空间。如图4-34所示。

图4-34 设备及物料、产品的合理摆放

产生强烈噪声的设备如不能采取减噪措施,则应布置在离生产现场较远的地方,同时需要注意不得影响其他公司的办公环境。

生产现场中高于2米的运输线必须有防护网或防护罩进行保护。若使用防护网,则其网格的大小应能阻止所运输的物件坠于地面,运输线的始终两端应有防护栏的保护,其高度不得低于1米。

4.5.2 工位器具、工件、材料的摆放

班组长首先要知道生产现场中有哪些工位器具、工件、材料及其摆放要求,并严格按要求来摆放。

4.5.2.1 工位器具、工件、材料的内容

(1)工位器具。工位器具是企业在生产现场(一般指生产线)或仓库中用以存放生产对象或工具的各种装置,是用于盛装各种零部件、原材料等,满足现场生产需要,方便生产工人操作,所使用的辅助性器具,是生产过程中每一个环节所不能缺少的。

(2)工件。工件是指机械加工中的加工对象,它可以是单个零件,也可以是固定在一起的几个零件的组合体。

(3)材料。材料是人类用于制造物品、器件、构件、机器或其他产品的物质。

4.5.2.2 摆放要求

工位器具、工件、材料的摆放要求如下。

（1）生产现场的原材料、半成品、成品等必须按照操作顺序，整齐地放入指定的区域，并有安全可靠的固定措施，禁止乱摆、乱放。

（2）生产所用的工位器具、模具、夹具、量具等必须放到指定的地方，防止混乱与坠落伤人。

4.5.2.3 存量标准

生产用原材料必须限量放入生产现场，以免造成地方拥挤或其他事故。其具体存放量的标准如下。

（1）白班不超过加工额的1.5倍，夜班不超过加工额的2倍。

（2）大件原材料必须按照额度领取，禁止超过当班的生产额度存放。

4.5.2.4 码放要求

在生产现场码放各种物料时不得超高，一般的码放高度不允许超过2.5米（物品单位超高除外），高度与宽度的比例不超过2：1。易滚动的物品要有垫块进行固定。堆垛的底部要牢靠，垛与垛之间的间距要合理，便于吊装和搬运。如图4-35所示。

图4-35　放在框里的待检产品

4.5.3　工作地面要保持良好的状态

工作地面是指作业场所的地面，班组长要组织员工做好维护，使工作地面保持良好的状态。工作地面的要求如下。

（1）车间各部分工作地面（包括通道）必须平整，并经常保持整洁。地面必须坚固，能承受规定的荷重。

（2）合理地规划生产现场的地面，用不同的颜色将生产现场的地面科学划分为不同的区域。安全通道必须以绿色、醒目的标志标示出来。如图4-36所示。

图4-36 地面漆上绿色并划分区域

（3）生产现场所划定的各区域间距要合理，其中人行通道不得小于1米，车行道（主要指叉车、推车等）不得小于2米，成品车间货车行道不得小于3米。如图4-37所示。

图4-37 通道要有足够宽度

（4）生产现场的布置必须保证各通道的畅通，任何人不得以任何理由挤占、挪用通道，违者将按相关规定进行教育和惩处。

（5）生产现场中因生产需要所设置的坑、沟、壕等必须有足够支撑力的物品覆盖或有防护栏，夜间必须有照明，以防止发生安全事故。

（6）在产品生产过程中出现的垃圾、废料、废水、废油等必须按划分的责任或承包的区域及时处理，不得将此类废品带入下一道工序。

（7）生产现场的人行道或空地应保持平坦，不得有障碍物，若有，则应该设置醒目的警示标志或安放防护栏。

（8）工作附近的地面上，不允许存放与生产无关的障碍物，不允许有黄油、油液和水存在。经常有液体的地面，要设置排泄系统。如图4-38所示。

图4-38 设备漏油应查明原因

（9）机械基础应有液体储存器，以收集由管路泄漏的液体。储存器可以专门制作，也可以与基础底部连成一体，形成坑或槽。储存器底部应有一定坡度，以便排除废液。

（10）车间工作地面必须防滑。机械基础或地坑的盖板，必须是花纹钢板或在平地板上焊以防滑筋。

4.5.4 噪声传播控制

噪声是能够引起人烦躁或由于音量过强而危害人体健康的声音。

4.5.4.1 充分认识噪声的危害

噪声是企业生产和运输中最常见的污染因素，强度超过130dB就会伤害人的机体和耳朵。按国家规定，工厂的噪声不能超过75dB，在人晚上睡觉的时候，住宅周围的环境噪声不能超过35dB。人若长期受85dB～90dB甚至90dB以上的噪声侵袭，其听力就会受损，容易患上心血管、神经性疾病。

4.5.4.2 控制噪声的传播

（1）生产中噪声排放比较大的机电、机械设备应尽量设置在离工作操纵点或人员集中点比较远的地方。

（2）对于无法布置比较远的、排放噪声比较大的机电、机械设备，在生产中应在设备上安装隔音机罩或设置隔音间，阻断噪声向外排放。

（3）对有隔音间进行隔音的机电、机械设备，应做好隔音间的密封工作，随时关闭隔音门与隔音窗，确保将噪声与生产人员隔离开来。

（4）若因工作需要，生产人员必须到噪声比较大的地方进行操作时，应佩戴好耳塞、耳罩、防声帽等劳动保护用品，否则后果由生产人员自身承担。

（5）班组长在安排生产任务时，应尽量减少作业人员在噪声环境中的暴露时间，以减轻噪声对员工身体的伤害，同时应保证员工佩戴有防噪声的劳动保护用品，如耳塞、耳罩、防声帽等。

4.5.5 光照度

光照度，即通常所说的勒克斯度（lux），表示被摄主体表面单位面积上受到的光通量。1勒克斯相当于1流明/平方米，即被摄主体每平方米的面积上，受距离1米、发光强度为1烛光的光源，垂直照射的光通量。

班组作业现场的光照度要求如下。

（1）车间工作空间应有良好的光照度，一般工作面不应低于50勒克斯。

（2）采用天然光照明时，不允许太阳光直接照射工作空间。

（3）采用人工照明时，不得干扰光电保护装置，并应防止产生频闪效应。除安全灯和指示灯外，不应采用有色光源照明。

（4）在室内光照度不足的情况下，应采用局部照明。

——局部照明光源的色调，应与整体光源相一致。

——局部照明的均匀度：工作点最大为1∶5，工作地最大为1∶3。工作地是指工作位置及其周围的场地，泛指车间地面。

——局部照明的亮度对比：冲压件（冲模工作面）与压力机底部的比为3∶1，压力机与周围环境的比为10∶1，灯光与周围环境为20∶1。

（5）与采光的照明无关的发光体（如电弧焊、气焊光及燃烧火焰等）不得直接或经反射进入操作者的视野。

（6）需要在机械基础内工作（如检修等）时，应装设照明装置。

（7）局部照明应用36V的安全电压。

（8）照明器必须经常擦洗和保持清洁。

班组长应保证车间工作空间有良好的光照度（如图4-39所示），照明器必须经常擦洗和保持清洁。

图4-39 保证车间工作空间光照度

4.5.6　确保舒适的温度、相对湿度

空气的温度和相对湿度是热环境的两个主要因素，它们之间不仅可以互换，而且密切相关。温度、相对湿度对生产作业有较大影响，因此要进行温度、相对湿度设计，以确保舒服的温湿度要求。

4.5.6.1　温度、相对湿度对现场的影响

（1）温度、相对湿度与工作效率。人们生活最适宜的环境温度是15～20℃，相对相对湿度在70%以下。轻体力劳动最佳温度是15～18℃；重体力劳动的最佳温度是7～17℃；脑力劳动的最佳温度是10～17℃。在最适宜的温度下工作，工作效率最高，升高和降低温度，工作效率都会降低。最佳适宜温度，在风速适中的情况下，温度可以略微提高。人们在气温为20℃左右、相对相对湿度为65%的环境中感到舒适。对人体健康最适宜的温度是18℃，而工作效率最高的温度是15～18℃。对人体最适宜的相对相对湿度为30%～60%。气温高于27℃会使人烦躁不安、精神疲惫、思维迟钝。气温高于34℃，相对相对湿度超过56%，在没有风的情况下，人会很容易出现中暑。

（2）温度、相对湿度对产品的影响。有些企业的产品受温度、相对湿度的影响很大，必须将温度、相对湿度控制在一定的范围之内，否则，就有可能生产出不合格的产品。

4.5.6.2　生产现场温湿度的测定

测定空气温湿度通常使用干湿球温度表。如图4-40所示。

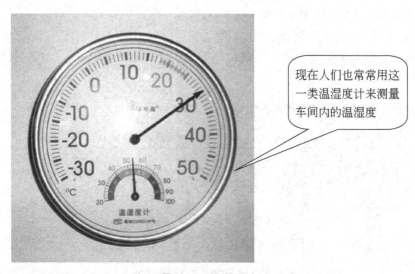

图4-40　温湿度计

在车间外设置干湿表,为避免阳光、雨水、灰尘的侵袭,应将干湿表放在百叶箱内。百叶箱中温度表的球部离地面高度为2米,百叶箱的门应朝北安放,以防观察时受阳光直接照射。箱内应保持清洁,不放杂物,以免造成空气不流通。

在车间内,干湿表应安置在空气流通、不受阳光照射的地方,不要挂在墙上,挂置高度与人眼平,约1.5米左右。每日必须定时对库内的温湿度进行观测记录,一般在上午8:00~10:00时,下午2:00~4:00时各观测一次。示例见表4-26、表4-27。

表4-26 车间温湿度记录表(一)

年　　月　　日

日期	适宜温度范围:　~　℃				适宜相对湿度范围:　%~　5%				
	上午(8:00~10:00)				下午(2:00~4:00)				
	温度/℃	相对湿度/%	如超标:采取何种养护措施	采取措施后		温度/℃	相对湿度/%	如超标:采取何种养护措施	采取措施后	
				温度/℃	相对湿度/%				温度/℃	相对湿度/%
月平均温度		月最高温度		月最低温度			月最高相对湿度		月最低相对湿度	

表4-27 车间温湿度记录表(二)

测试位置:×××车间　　　　年　　月

记录时间	8:20~8:50		09:20~09:50		17:00~17:30		记录人签字	确认人签字
日期	温度/℃	湿度/%	温度/℃	湿度/%	温度/℃	湿度/%		

1.合格标准:温度23±5℃,湿度≤50%RH
2.正常温湿度条件半成品放置时限——4小时;半成品存放方式——未使用的半成品必须放在干燥箱内或50~70℃烤箱保存
3.异常处理
(1)如50%RH≤相对湿度≤60%RH,半成品必须在1小时内制作产品成品,在规定时间内未完成的半成品必须重新放入85℃烤箱烘烤1小时后再使用,且要求在1小时内制作成成品
(2)如相对湿度>60%,则停止生产
4.确认人签字规定:确认人要求每天对温湿度记录表确认一次

4.5.6.3 控制和调节车间温湿度

为了维护车间生产产品质量完好,创造适宜于生产调试的环境,当车间温湿度适宜时,就要设法防止车间外气候对内的不利影响;当车间内温湿度不适宜生产调试时,就要及时采取有效措施调节车间内的温湿度。实践证明,采用密封、通风与吸潮相结合的办法,是控制和调节车间内温湿度行之有效的办法。

(1) 密封。密封,就是把产品尽可能严密封闭起来,减少外界不良气候条件的影响,以达到安全保管的目的。

采用密封方法,要和通风、吸潮结合运用,如运用得法,可以收到防潮、防霉、防热防溶化、防干裂、防冻、防锈蚀、防虫等多方面的效果。密封保管应注意的事项如下:

——在密封前要检查产品质量、温度和含水量是否正常,如发现生霉、生虫、发热、水淞等现象就不能进行密封。发现产品含水量超过安全范围或包装材料过潮,也不宜密封。

——要根据产品的性能和气候情况来决定密封的时间。怕潮、怕溶化、怕霉的产品,应选择在相对湿度较低的时节进行密封。

——常用的密封材料有塑料薄膜、防潮纸、油毡(如图4-41所示)、芦席等。这些密封材料必须干燥清洁,无异味。

——密封常用的方法有整库密封、小室密封、按垛密封以及按货架、按件密封等。

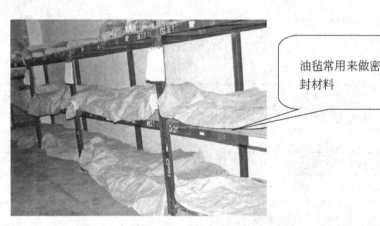

图4-41 用油毡密封材料

(2) 通风。通风是利用车间内外空气温度不同而形成的气压差,使车间内外空气形成对流,来达到调节库内温湿度的目的。当车间内外温度差距越大时,空气流动就越快;若库外有风,借风的压力更能加速车间内外空气的对流,但风力也不能过大(风力超过5级,灰尘较多)。正确地进行通风,不仅可以调节与改善车间内的温湿度,还能及时散发产品及包装物的多余水分。按通风的目的不同,可分为利用通风降温(或增温)和利用通风散热两种。

(3)吸潮。在梅雨季节或阴雨天,当车间内相对湿度过高,不适宜产品保管,而车间外相对湿度也过大,不宜进行通风散潮时,可以在密封库内用吸潮的办法降低库内相对湿度。

随着市场经济的不断发展,现代工厂车间普遍使用机械吸潮方法,即使用吸湿机把车间内的湿空气通过抽风机,吸入吸湿机冷却器内,使它凝结为水而排出。

吸湿机一般适宜于储存棉布、针棉织品、贵重百货、医药、仪器、电工器材和烟糖类的仓间吸湿。

4.5.7 洁净度

洁净度指洁净空气中含尘(包括微生物)量的多少。

有些工作现场要求必须非常干净,如一些光学仪器、精密电子产品和特殊化学物质生产,对环境的要求特别高。比如,有一个单晶硅厂,有两条特殊的规定:第一是所有员工必须凭洗澡证上班,要求每一个员工早上洗过澡才能上班,进车间之前,还要在"风淋室"抽一下,将全身的灰尘抽干净,换上洁净的工作服;第二个规定是不能吃鱼虾,因为员工一吃鱼虾,呼出的气息中带有磷,产品遇到磷就会全部报废。另外,由于对环境洁净度的超高要求,有些工厂甚至谢绝参观。

4.5.7.1 洁净区的环境卫生要求

洁净区的环境卫生要达到如下要求。

(1)门、窗、各种管道、灯具、风口及其他公用设施、墙壁与地面交界处等应保持洁净、无浮尘。

(2)地漏干净、经消毒,经常保持液封状态,盖严上盖。

(3)洗手池、工具清洗池等设施,里外应保持洁净,无浮尘、垢斑和水迹。

(4)传递窗(室)在不工作时,要关闭双门,工作时至少要关闭一扇门。

(5)限制进入洁净区的人数,进入洁净室的人员仅限于该区域的生产操作人员、管理人员及经车间主任批准的人员。

(6)洁净室内操作时,动作要稳、轻、少,不做与操作无关的动作及不必要的交谈。

(7)洁净室内无不必要的与生产无关的物品。

(8)清洁工具及时清洗干净,置于洁净区洁具间规定的位置,不能和非洁净区的清洁工具混洗混用,消毒剂要定期交替使用。

(9)文件、文具等须经洁净处理才能进入洁净室。

（10）洁净室不得安排三班生产，每天应留足够的时间用于清洁及消毒，更换品种要保证有足够的时间间歇，用于清场及消毒。

4.5.7.2　人员进入洁净区的程序

（1）用手拧开换鞋室门，坐在入门口的横凳上，面对门外，用手取出放在背对一侧横凳下鞋架内的洁净区工作鞋，整齐轻放于背后；将一般生产区工鞋脱去，坐着转身180°，穿上洁净区工作鞋；侧身将一般生产区的鞋整齐地放入横凳下规定的鞋架上（整个过程双脚不能着地）。如图4-42所示。

穿净化鞋时，鞋跟一定要拔上，不能踩在脚跟下面

图4-42　穿净化鞋的要求

（2）由当班班长按"洁净区人员出入记录表"要求内容填写后，方能进入第一更衣室。

（3）用手打开第一更衣室柜门，脱去外衣、工作帽，连同私人物品，放入更衣柜内，关柜门。

（4）洗手要求，走到洗手池旁，将双手掌伸入水盆上方自动洗手器下方的位置，让水冲洗双手掌及至腕上5厘米处，手触摸自动给皂器，两手相互摩擦，使手心、手背、手腕上5厘米处的皮肤均匀充满泡沫，摩擦约10秒钟。如图4-43所示。

打开洗手池水龙头洗手，取洗手液双手搓洗不少于10秒钟，搓洗至双手腕上5厘米，注意清洁指间及指甲缝；用流水冲去洗手液，关闭水龙头

图4-43　洗手的要求

（5）伸双手至自动洗手器，让水冲洗双手，双手上下移动，相互摩擦，冲洗至无滑腻感为止，再翻动双掌，至清洗干净为止。

（6）伸手到电热烘手机下约8～10厘米处，烘干为止。如图4-44所示。

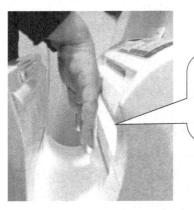

洗好手之后，用自动烘手器烘到手部无潮湿；烘手要求手面手背都要烘

图4-44　烘干手的要求

（7）穿洁净衣服。具体要求如下。

第一步：用手肘拧开第二更衣室门，进入内更衣室，在洁净工作服架内取出自己工号的洁净工作服袋。

第二步：取出连体洁净工作服穿上。

第三步：戴口罩，口罩要罩住口和鼻。

第四步：从前向后戴上工作帽，并把头发全部包住。

穿好洁净服的状态如图4-45所示。

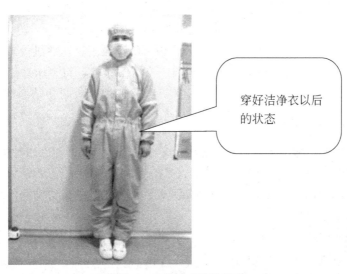

穿好洁净衣以后的状态

图4-45　穿好洁净服的状态

(8) 消毒手部：用手打开缓冲室门，在自动酒精喷雾器前伸出双手喷均匀（或用1‰新洁尔灭消毒液浸泡约5分钟）进行手消毒（两种消毒剂交替使用，每月更换一次）。消毒完毕，站立片刻后，再进入洁净区。如图4-46所示。

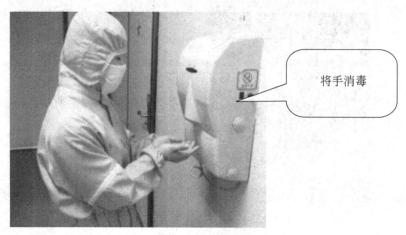

图4-46　手部消毒

（将手消毒）

(9) 在洁净区内，注意保持手的清洁，不能再接触与工作无关的物品，不得裸手直接接触产品。

(10) 洁净区内，动作要稳、轻、少，不做与操作无关的动作及不必要的交谈。

4.5.7.3　人员出洁净区的程序

(1) 用手拧开缓冲室门，从缓冲室经内更衣室进入外更衣室，脱下洁净区工作服，放进有状态标志的桶内，盖好盖子，并穿上自己工号的一般生产区工作服。

(2) 用手拧开换鞋室门，背朝门外，脱下洁净区工鞋，放进规定鞋架内，注意此时脚不落地，转身180°，穿上一般生产区工作鞋，将一次性口罩等杂物放入垃圾桶，此时由当班班长填"洁净区人员出入记录表"，再出洁净区。

4.5.7.4　物料进出洁净区的程序

(1) 物料从一般生产区进入洁净区，必须经物净系统（包括缓冲室和传递窗）在缓冲室脱去外包装，若不能脱去外包装的，应对外包装进行吸尘等洁净处理后，经有出入门联锁的气闸室或传递窗（柜）进入洁净区，并按"洁净区物料出入记录表"要求填写内容。

(2) 物料进入洁净区内，整齐码放于规定位置并挂上状态标志牌。

(3) 物料从洁净区到一般生产区，经过有出入门联锁的气闸室或传递窗（柜）传出，并有记录。

4.5.8 员工工位要符合人机工程学

人机工程学是研究"人——环境"系统中人、机、环境三大要素之间的关系,为解决系统中人的效能、健康问题提供理论与方法的科学。

人机工程学研究在设计人机系统时如何考虑人的特性和能力,以及人受机器、作业和环境条件的限制。设计人机系统时,要把人和机器作为一个整体来考虑,合理地或最优地分配人和机器的功能,保证系统在环境变动下达到要求的目标。在班组作业现场的具体要求如下。

(1)工位结构和各部分组成应符合人机工程学、生理学的要求和工作特点。如图4-47所示。

图4-47 坐姿要符合要人机工程学

(2)工位应使操作人员能舒适地坐或立,或坐立交替在机械设备旁进行操作。不允许剪切机操作者坐着工作。

(3)坐着工作时,一般应符合以下要求。

——工作座椅结构必须牢固,坐下时双脚能着地,座椅的高度为40～43厘米,高度可调并具有止动装置。

——机械工作台下面应有放脚空间,其高度不小于60厘米,深度不小于40厘米,宽度不小于50厘米。

——机械的操纵按钮离地高度应为70～110厘米,如操作者位置离工作台边缘只有30厘米时,按钮高度可为50厘米。

——工作面的高度应为70～75厘米,当工作面高度超过这一数值而又不可调时,应垫以脚踏板。脚踏板应能随高度调整,其宽度不应小于30厘米,长度不应小于40厘米,表面应能防滑,前缘应有高1厘米的挡板。如图4-48所示。

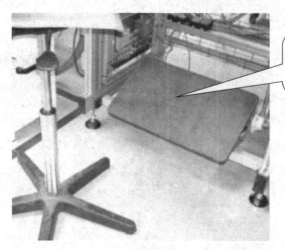

图4-48 座位下的脚踏

（4）站立工作时，应符合以下要求。

——机械的操纵按钮离地高度为80～150厘米，距离操作者的位置最远为60厘米。

——为便于操作者尽可能靠近工作台，机械下部应有一个深度不小于15厘米、高度为15厘米、宽度不小于53厘米的放脚空间。

——工作面高度应为93～98厘米。如图4-49所示。

班组长可以对人、机方面多进行观察，若有不符合人机工程学的安排，可以向工艺部门提出建议加以改进。

图4-49 站姿工作应符合人机工程学

第5章 现场管理的QCDS控制

班组长现场管理实操手册

引言

QCDS是现场管理的目标，即Quality（质量），Cost（成本），Delivery（交付期）和Safety（安全），要求生产现场以优异的质量、最低的成本、最快的速度向用户提供最好的产品，同时要确保生产过程中人、财、物的安全。

5.1 Quality——质量的控制

班组的质量管理就是通过发挥班组成员的主观能动性来实现经营管理所要求的质量目标，它要求每位班组成员生产的产品、所负责的业务均向零缺陷的目标靠拢。

5.1.1 提高班组成员质量意识——第一次就把事情做对

零缺陷管理就是要让班组成员抛弃缺点"难免论"，树立"无缺点"的思想观念。联想集团董事局主席柳传志在总结联想的管理经验时曾说过："联想要求员工第一次就把事情做对，第一次就把事情做好，这是组织对班组成员的最低要求。"

"第一次就把事情做对"体现了班组成员精益求精的工作态度，"第一次就把事情做好"体现了班组成员敬业的精神。但在我们接触的一些班组中，尽管班组成员都能根据工作计划按时完成任务，但最终的结果却不尽如人意。仔细分析一下，没有别的原因，就是班组成员执行细节不到位，不够精益求精，只求"差不多"，所以总是离期望的要求"差一截子"。

各种质量管理宣传标语及看板如图5-1至图5-6所示。

某工厂宣传质量意识的标语

图5-1　质量意识标语

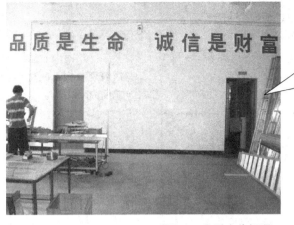

图5-2 品质宣传标语

某工厂的品质宣传标语

图5-3 质量管理活动看板

某工厂质量管理推进活动看板

图5-4 批次合格率统计分析图看板

某车间里的批次合格率图,将品质状况进行分析

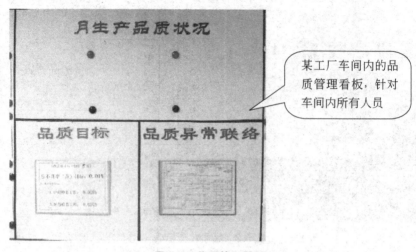

图5-5　品质管理看板

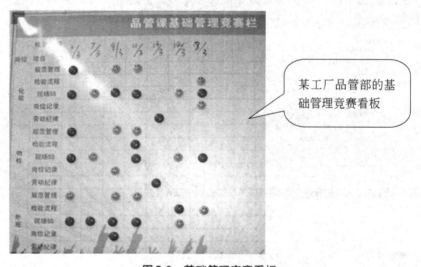

图5-6　基础管理竞赛看板

5.1.1.1　坚持质量管理四项基本原则

（1）质量即符合要求。班组成员生产产品必须严格按照产品质量的标准和要求进行，而不是凭主观的或含糊的标准来判定。比如，班组长在生产管理中对于质量的判定，根据的是质量标准，而不是其他标准。通过定时的产品质量检查和详尽的质量记录，使质量检查不是停留在口头上，而是落实在行动上。

（2）质量重在预防，不是检验。检验只能发现已发生的不合格产品，而预防则可以在制造产品的过程中发现潜在的质量问题，继而将不符合质量要求的潜在因素消除掉。通过预防性工作，减少资源浪费，提高质量效益。

（3）追求质量零缺陷，而不是所谓的差不多就好。质量零缺陷的工作标准不是差不多就行，而是要求在质量上每次都做到零缺陷，在任何时候、任何情况下都能符合产品质量的要求。零缺陷的标准强调的是全部符合要求而不是部分合格。

（4）质量要用量化的指标来衡量，而不要用非量化的指标。不符合质量要求所付出的代价，要用量化指标描述出来，就是我们看见的超出规定要求的额外支出，即本不必要和本可以避免的消耗，比如多花费的时间、人力和物资等。用可计量的指标，如用多花了多少钱、浪费了多少资源等来体现质量缺陷造成的损失，比用"损失很大"这样不确定的、含糊的、非量化的指标，要直观、明白的多。质量问题显性化、定量化，可以促使管理者迅速解决问题。

班组长应将上面的四项质量管理原则付诸到实际工作中，大力培养班组成员真正按照这四项原则来做，日本企业在这方面是我们的典范。

一次，由于客户催货较紧，为了按时交货，国内某企业班组长要求班组成员加班生产。产品生产出来后，在最后的检验环节，质检员发现某一班组生产的产品在某道工序上不合格，因此要求此工序的班组成员返工。可是，没想到这位班组长阴沉着脸，指着质检员恶狠狠地恐吓道："你小子晚上给我小心点。"

而在日本企业，有一次质检员同样也是发现某个班组成员在某一生产工序中出现了质量问题，他并没有说什么，只是从口袋里掏出一张黄色卡片，然后将在哪道工序发现了什么问题、如何修补等都详细记录下来，再将黄色卡片递给了当班班长。这位班组长看了卡片之后，对着质检员深深地鞠了一躬，并说道："谢谢你给我指出了我们产品质量上的问题，我一定按照你的意见，加强对产品质量的管理。"

面对同一问题，中国企业班组长的反应是："你小子晚上给我小心点。"日本企业的班组长却说："我一定按照你的意见，加强对产品质量的管理。"两句意思清楚但截然相反的话反映的正是中日企业员工在产品质量意识上的差距。

在当今市场竞争激烈的形势下，中国企业的班组尤其要强化产品质量零缺陷意识，严格质量管理手段，要让每个班组成员发自肺腑地明白：质量就是班组、企业的生命，是班组、企业在市场上站稳脚跟的保证，是赢得顾客的法宝。

5.1.1.2 提高班组成员质量意识

提高班组成员质量意识的措施有如图5-7所示3种。

通过如图5-7所示三方面的努力，相信会使班组成员的质量意识从"向我要质量"转变到"我要质量"上。

措施一	班组长要引导班组成员关注质量，认识到质量与效益的关系，在全体班组成员中营造"质量第一"的氛围
措施二	加强对质量控制理论和方法的学习，激发班组成员自己去挖掘提高质量的方法和途径，如开展质量分析研讨会、成立质控小组，使每个成员都毫无顾忌地对质量控制具有发言权
措施三	班组长的质量管理要通过具体的示范、通俗的语言阐释和后果的告知来引导班组成员迈向质量管理大道，并把提高质量与员工的切身利益挂起钩来

图5-7 提高班组成员质量意识的措施

5.1.1.3 分析质量问题并树立质量监控意识

班组长对生产过程中出现的质量问题，应与班组成员一起进行剖析，有针对性地予以指导，提出改进措施，让每一位成员都能清楚地意识到自己存在哪方面的质量问题，从而使质量改进不再是瞎子摸象。通过改进，进而建立规范化的制度和标准，使人人有章可循。

5.1.1.4 交流质量改进经验并激发质量创新意识

质量改进的经验交流对于班组成员来说很重要。通过班组交流，可以将大家在生产过程中遇到的质量问题进行归类整理，形成案例，共同来讨论解决方案。问题解决之后，要及时归档，便于今后再遇到类似问题时有所对照。

班组成员质量改进的交流形式有很多种，最常见的有如下两种。

第一种是在班组中开展QC（质量控制）活动，通过班组成员间的信息交流和相互学习，提高班组成员解决质量问题的能力，久而久之，班组成员不仅可以自己解决在生产过程中遇到的质量问题，而且还可以帮助班组内的其他成员来提高产品质量和生产效率。

第二种是班组长安排优秀班组成员组成质量研究小组，进行质量难题探讨，提出可行的质量改善方案或改革措施，这样做，不仅可以激发班组成员质量管理的进取心和创新力，而且会进一步激发班组成员的集体荣誉感。

5.1.2 严格执行"三不原则"

"不接受不合格品、不制造不合格品、不流出不合格品"的"三不原则"是许多企业的品质方针、品质目标或宣传口号。因为"三不原则"是品质保证的原则，所以一定要严格实施。

"三不原则"的实施使每一个岗位、每一个员工都建立起"生产出使自己和客户都满意的产品"的信念,一根无形的质量链贯穿于生产的全过程,制约着每个操作者,使流程的各个环节始终处于良好的受控状态,进入有序的良性循环,通过全体员工优良的工作质量从而保证了产品的质量。如图5-8所示。

图5-8　"三不原则"上墙

（某工厂醒目地张贴在墙上的"三不原则"）

5.1.2.1　三不原则的含义

（1）不接受不合格品。不接受不合格品是指员工在生产加工之前,先对前道传递的产品按规定检查其是否合格,一旦发现问题则有权拒绝接受,并及时反馈到前道工序,前道工序人员需要马上停止加工,追查原因,采取措施,使品质问题得以及时发现、及时纠正,并避免不合格品的继续加工所造成的浪费。

（2）不制造不合格品。不制造不合格品是指接受前道的合格品后,在本岗位加工时严格执行作业规范,确保产品的加工质量。对作业前的检查、确认等准备工作做得充分到位；对作业中的过程状况随时留意,避免或及早发现异常的发生,减少产生不合格品的概率。准备充分并在过程中得到确认是不制造不合格品的关键。只有不产生不良品,才能使得不流出和不接受不良品变为可能。

（3）不流出不合格品。不流出不合格品是指员工完成本工序加工,需检查确认产品质量,一旦发现不良品,必须及时停机,将不良品在本工序截下,并且在本工序内完成不良品处置并采取防止措施。本道工序应保证传递的是合格产品,否则会被下道"客户"拒收。

5.1.2.2　三不原则的实施要点

"三不原则"是生产现场品质保证的一个运行体系,在实施过程中需注意如图5-9所示要点。

图5-9　三不原则的实施要点

（1）谁制造谁负责。一旦产品设计开发结束，工艺参数流程明确，则产品的质量波动就是制造过程的问题。每个人的质量责任从接受上道工序合格产品开始，规范作业确保本道工序的产品质量符合要求是员工最大的任务。一旦在本道工序发现不良或接收到后道工序反馈的不良后，该人员必须立即停止生产，调查原因，采取对策，对产品的质量负责到底。

（2）谁制造谁检查。产品的生产者，同时也是产品的检查者，产品的检查只是生产过程的一个环节。通过检查，确认生产合格，才能确保合格产品流入下道工序。通过自身检查，作业人员可以对本工序加工产品的状态了解得更清楚，从而有利于员工不断提升加工水平，提高产品质量。

（3）作业标准化。产品从设计开发、设定工艺参数开始，就要对所有的作业流程中的作业步骤、作业细节进行规范化、标准化，并使其不断完善。每一个员工也必须严格执行标准化作业。标准化是该工序最佳的作业方法，是保证产品质量一致性的唯一途径，否则制造一大堆不良品却找不到不良的根本原因，这个时候"三不原则"只能制造混乱，而不是品质。

（4）全数检查。所有产品、所有工序无论采取什么形式都必须由操作者实施全数检查。

（5）工序内检查。质量是作业人员制造出来的，如果安排另外的检查人员在工序外对产品进行检查或修理，既会造成浪费，也不能提高作业人员的责任感，反而会姑息作业人员对其产品质量的漠视。

（6）不良停产。在工序内一旦发现不良，操作者有权利也有责任立即停止生产，并及时采取调查对策活动。

（7）现时处理。在生产过程中，产生不合格品时，作业人员必须从生产状态转变到调查处理状态，马上停止作业并针对产生不良品的人、机、料、法、环等现场要素及时确认，调查造成不良的"真正元凶"并及时处理。

（8）不良曝光。在生产过程中出现的任何不良，必定有其内在的原因，只有真正解决了发生不良的每个原因，才能控制制造不合格品，实现零缺点，才能让客户真正满意。因此，对于发生不良，不仅作业人员要知道，还必须让管理层知道，让质量保证的人员知道，让设计开发的人员知道，大家一起认真分析对策，并改善作业标准,而不是简单地由作业人员对不合格品自行返工或报废,否则,下一次还会发生同样的问题。

(9)防错。产品的质量不能够完全依赖于操作者的责任心来保证,任何人都会有情绪、会有惰性、会有侥幸心理、会受一些意外因素的干扰,从而使产品质量出现波动。因此,必须尽可能科学合理地设计使用防错装置来防止疏忽。同时在现场管理中,班组长应认真进行细节管理,尽量把工作做在前面,周全的计划、充分的准备、事先的预防,减少各种差异变动,把品质控制在要求的范围内。

(10)管理支持。作业人员承担产品的品质责任,但产品出现不良,管理层应该承担更多的责任,因为班组长的职责就是帮助员工解决问题,当员工发现问题并报告问题后,作为班组长应第一时间出现在现场,一起调查并处理问题。对于不良品,若只是轻率地推卸责任给作业人员,不仅不能彻底解决不合格品的产生,而且易造成管理层与员工之间的对立。所以,若要对员工进行指导,事先预防问题的产生,和员工共同分析问题、调查解决问题,就必须配备员工所需的资源设施,必须帮助员工解除生活、工作上的后顾之忧。总之,班组长只有做好员工的坚强后盾,"三不原则"才能真正在生产中落实。

5.1.3 首件一定要检验

首件是指制造单位各工程加工生产的产品,经自我调试确认,判定符合要求后,拟进行批量生产前的第一个(台)产品(半成品、成品)。

首件检验是在生产开始时(上班或换班)或工序因素调整后(换人、换料、换活、换工装、调整设备等)对制造的第一件或前几件产品进行的检验,其目的是尽早发现生产过程中影响产品质量的系统因素,防止产品成批报废。首件检验原理如图5-10所示。

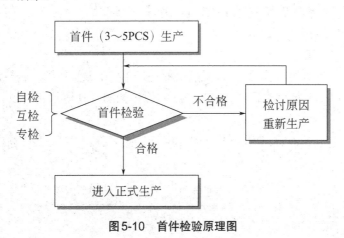

图5-10 首件检验原理图

5.1.3.1 首件检验责任人

首件检验由操作者、检验员共同进行。操作者首先进行自检,合格后送检验员专检。

5.1.3.2 首件检验的时机、场合

(1)每个工作班开始。
(2)更换操作者。
(3)更换或调整设备、工艺装备(包括刀具更换或刃磨)。
(4)更改技术条件、工艺方法和工艺参数(如粗糙度要求变更、内孔铰孔更改为镗孔、数控程序中走刀量或转速等的改变)。
(5)采用新材料或材料代用后(如加工过程中材料变更等)。
(6)更换或重新化验槽液等(如磷化、氮化等)。

5.1.3.3 首件检验的主要项目

(1)查对工艺卡片或过程卡片与工作票是否相符。
(2)查对所用的工、夹、刃、量具与工艺规定是否相符。
(3)查对加工所使用的切削用量是否符合规定。
(4)首件产品加工出来后的实际品质特征是否符合图纸或技术文件所规定的要求。

5.1.3.4 首件检验的要求

首件检验采用三检制:自检、互检及专检。

三检制:送检的产品必须先由操作人员进行"自检",然后再由班组长或同事进行"互检",最后由检验员"专检",确定合格后方可继续加工后续产品。

(1)自检。自检就是操作者对自己加工的产品,根据工序品质控制的技术标准自行检验。自检的最显著特点是检验工作基本上和生产加工过程同步进行。

自检是指运用目测的方式,看本工序的内容是否合格,若合格则继续下去,不合格则立即返工。

操作人员在实施自检时,一定要确保作业的内容全部到位,如果需要标记则在确认无误后打上规定的记号。自检工作的原理如图5-11所示。

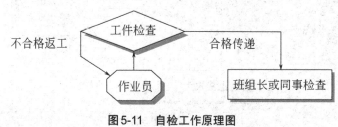

图5-11 自检工作原理图

自检进一步可发展为"三自检制",即操作者"自检、自分、自记"。具体如图5-12所示。

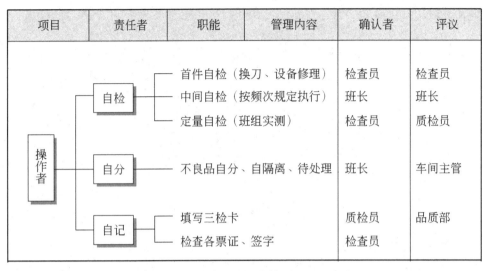

图5-12 三自检制

(2)互检。互检是班组长或下一道工序的作业者,运用目检的方式,确认首件产品是否合格,合格则开始作业,不合格则反馈或放在一边。确认后有时有必要在操作合格的作业上做"合格"标记。其工作原理如图5-13所示。

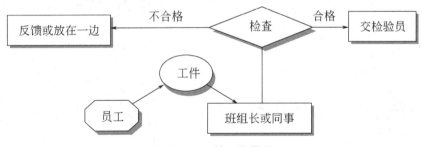

图5-13 互检工作原理

(3)专检。专检是指专门设立的检验工位,如QC、FQC、IPQC等进行检验。

首件检验后是否合格,最后应得到专职检验人员的认可,检验员对检验合格的首件产品,应打上规定的标记,并保持到本班或一批产品加工完了为止(所有首件产品必需留样,留作后续产品对比之用,来看过程是否发生变化,并用记号笔标记"√"以示通过首件检验)。

首件检验不合格,需查明原因、采取措施,排除故障后重新进行加工、进行三检,直到合格后才可以定为首件。

5.1.3.5 首检的注意点

(1) 注意检测手法。检测产品的时候，检测方式、方法、部位都需要标准化。如图5-14所示。

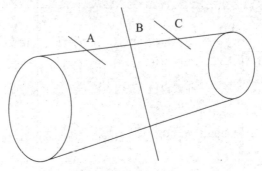

图5-14 检测手法示意图

从图5-14知道，图上有三点，A、B、C。如果要检测产品的直径大小，到底检测哪一点呢？有人会检测A点，也有人会检测B点，检测A点与检测B点的结果必定不一样。如果产品是以B为标准，我们却检测的是A点，就会判定产品不合格。这种检测产品的方法显然是错误的。

所以，为了保证产品检测的准确性，我们只能在检测前设定标准，并规定B点为标准，检测的时候才能只检测B点。

(2) 注意检测工具。如果检测工具失灵了，其检测的结果也会是错误的。如图5-15所示。

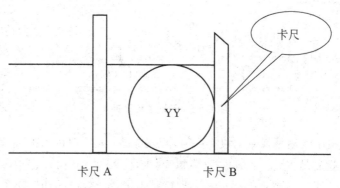

图5-15 检测工具示意图

在生产现场，常出现这样的情况，比如有两个品管对产品进行检验，一个用卡尺A进行测量，一个用卡尺B进行测量，结果发现检测的结果不一样：一个显示合格；一个显示不合格。到底是什么原因呢？除了我们上面分析的检测方式可能不一样之外，还有另一种情况，可能是其中一个卡尺存在误差。

所以，在检测前，保证检测工具的精确是非常重要的。

5.1.4 换线质量控制

换线的实质是在一个短时间内变更体制，因为忙乱的原因，导致质量问题发生较多。以下以组装生产线的切换控制为例来说明。

5.1.4.1 切换的警示标志

作为流水线生产，把某个产品全部生产完毕，然后停下整条流水线，再布置另外一种产品的生产，称之为休克式切换法。这种方式非常"稳妥"，但浪费了时间，降低了效率。较好的方法是不停线切换方式，也就是在第一件切换产品上标示"产品切换"的字样，那么这件产品往下道工序传递的过程中谁都知道它与前面的产品有不同，从而用不同的方法来处理。

5.1.4.2 首件确认

首件确认是指对切换后生产出来的第一件产品的形状、外观、参数、规格、性能、相异点进行全面的确认，确认可以是质检人员，也可以是工艺人员或者班组长。首件确认是最重要的确认工作，可以发现一些致命的批量性缺陷，如零部件用错等问题，所以要特别认真。

5.1.4.3 不用品的撤离标志

首件确认合格后，意味着切换成功，可以连续地生产下去，但是对撤换下来的物料不可轻视，一定要根据使用频率进行安排放置（见表5-1）。

表5-1 不用品的安排放置

序号	使用频率	放置场所
1	当天还要使用的	生产线附近的暂放区
2	三天内使用的	生产线存放区
3	一周内使用的	仓库的暂放区
4	一月内使用的	重新入库，下次优先使用
5	一月以上使用的	重新包装后入库

5.1.5 样品管理需做好

在现场作业过程中，班组长对于产品样品的管理可从以下方面进行。

5.1.5.1 提供样品

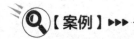【案例】▶▶▶

"又要返工,有没有搞错?""不是选过了么?怎么又要选?"

"班长,你说说,到底要我们怎么选?我们就是按照你说的做的啊!怎么又有问题,我们不能老这样啊!"员工小A、小B、小C等人在连续几天加班之后一听说又要加班,一时间炸开了锅。"我们这次拿来的样品有问题,检验部说我们的弹簧弯曲角度太小,不符合要求。技术部那边给的样品是下限,而我们是把它当成中心样品来选别的,有些比这个角度还小的也在里面了,所以一定要把那一部分给找出来,大家再辛苦一下吧,晚上我请吃夜宵了。"一听班长这席话,大家也只好闷下头来干活。

由此可见,对于现场作业的员工而言,如果班组长只是给员工一个文件告诉他要怎样怎样做、要注意什么、可以做什么等,可能都不如直接给员工样品那样直观。所以,只要将产品的上下限的样品给了员工,让员工进行自主判定,就能够很好地将操作的差异控制在产品质量所要求的范围之内了。如图5-16所示。

将不良品的样板展示出来给员工以直观的感觉

图5-16 不良品的样板展示

5.1.5.2 提供样品上限、下限

许多时候,如果只给员工一个样品,但是却不告诉他们样品本身的等级,员工在选择的时候则可能会根据自己的判断来对产品进行加工。由于性别、性格、年龄、受教育程度、生活习惯、生活水平的差异,每个员工对产品判断的标准是不一样的。如果只有一个样品时,员工就会以自己的主观判断为标准,在样品线上下浮动,以至于有的低于样品的标准,使得不合格的产品落入合格品中,而有的则由于选择的标准太严，而令一些合格品被当成是不合格品白白地浪费掉了。某企业的产品外观质量界限样本图上墙，如图5-17所示。

某工厂将其产品的外观质量界限样本图贴在墙上

图5-17　产品外观质量界限样本展示

5.1.5.3　注意中途的变化

班组长还需要注意的是要在中途时进行多次确认，如果只是起初确认合格，不等于全程都是对的，因为随着记忆的淡化，追加工的标准又会发生变化。

5.1.5.4　样品要保管好

样品也有保质期，随着时间的变化，样品也会发生变化，因此在生产过程中，班组长一定要保持样品的原样。比如，平常要将样品按照规定的要求进行保存，否则样品的颜色或性能一旦发生变化，最后的不利影响将是巨大的。从保证产品质量这一点来看，对样品的保管也是一个非常重要的内容。

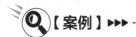【案例】▶▶▶

主管老杨："小明，这批产品今天被检验部那边给打了回来，你过来看看，怎么这批产品的颜色比前几批产品的颜色深这么多。"

拉长小明："好像是哦，但我们也是照着样品来做的。"说着，就去拿样品过来给老杨看。对比了一下，确实是和样品一样，但还是感觉不太对劲。于是他们到仓库翻出存放好的产品，对比之下发现样品与前几批的颜色真的不一样，变得深了。经过一翻了解，问题根源在于样品平时没有保管好，被日光腐蚀，才变成现在这个样。

5.1.6 把握好现场变化点

事物每一天都在以某种方式发生变化。变化点管理是现场管理中的重要内容，其目的是预见性地发现问题，在事故、故障和损失出现之前即采取主动性的改善行动。把握现场变化点一般是从4M1E开始的。

在生产加工中，对同一工序，由同一操作者、使用同一种材料、操作同一设备、按照同一标准与工艺方法加工出来的同一种零件，其品质特性值不一定完全一样，这就是产品品质的波动现象，而引起这种品质波动现象的主要因素是人员（Man）、机器（Machine）、材料（Material）、方法（Method）和环境（Environment），简称为4M1E。

4M变更是指在生产过程中给品质带来一定影响的异常变更。包括人——操作者、机——工装设备、料——材料、法——工艺方法，是生产过程中最基本的要素，如果这四个要素是稳定的，那么最终生产出来的产品品质也是稳定的，但这只是一个理想的状态。在实际工作中，人员、机器、材料、方法经常在变化，最终结果也随之变化，对其变更的管理就是通过控制这些变化，使结果在允许的范围内变动。

5.1.6.1 变更的原因

变更的原因如图5-18所示。

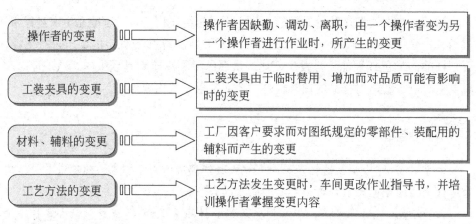

图5-18 变更的原因

5.1.6.2 变更处理方法

班组长将变更的内容填入"变更申请书"(见表5-2)交车间主任签字后送到品管部,由品管部经理确定品质方面需确认的内容。变更发生单位及相关部门收到品管部发送的"变更申请书"后,按要求实施变更。

表5-2 变更申请书

编号:		制作:		确认:	
发生班组填写	变更类别:		发生区域:		数量:
	组件名:		组件编码:		变更时间:
	变更理由:				
	变更事项:				
	序号	工位	变更内容(含规格值)		备注
制成:				确认:	
品管部填写	序号	实施区	项目内容(含规格值)	测量(手法)	确认数量

(1)作业人员变更的处理方法。作业人员变更应按"作业指导书"要求安排员工培训,班组长每两个小时进行产品品质确认,直至培训合格为止。

(2)工装夹具变更的处理方法。在实施过程中,要确认用工装夹具控制的首件产品品质是否合格,如果不合格,则要求相关部门停止生产并重新检查该工装夹具的有效性。工装夹具变更后,装配出来的首件产品经技术人员确认合格后,应由质检员进行小批量生产的复检,确认品质合格后方可进行大批量生产。

(3)材料变更的处理方法。物料设计变更指由于设计、生产、品质、使用等因素需对产品发生规格、型号、物料、颜色、功能等的变更。发生设计变更时,处理程序一般如下。

——技术部根据客户或产品的要求,制成"设计变更通知书"给相关部门。

——班组长收到"设计变更通知书"后,负责零件检查规格书和成品检查规格书、工程内检查指导书、作业指导书的修订,必要时修订并调整工艺流程。

(4)设计变更实施。

——首批设计变更零件由班组长根据图纸对设计变更内容进行全面确认,并做设计变更标志,通知相关人员。

——装配时,由工艺人员与班组长共同对其设计变更后的组装性能进行确认,做好详细记录。

——实施过程中如果出现异常,应通知技术部门、研发部门解析原因,并决定对策(必要时联络客户共商对策)。

——对于实施日期、批量有要求的应该严格按照要求的实施日开始进行设计变更。

(5)旧零件处置。

——可使用的旧零件。根据旧零件的库存数量安排生产,确保旧零件优先使用。

——追加工后可以使用的旧零件。工厂内追加工由工艺技术人员指示追加工方法,必要时制定上下限判定样本。当零件追加工完成后,一定要重新检验合格后才作入库处理,追加工记录和再检记录要予以保存。

——不可使用的旧零件,做好隔离和标示,按工厂规定的程序实施报废。

(6)作业方法变更的处理方法。作业方法有变更则应修改作业指导书,并指导员工按新的作业方法进行作业,处理发生的异常,直到员工熟练为止。

5.1.6.3 变更后产品品质的确认

各部门按照"变更申请书"的确认内容进行品质确认,结果记录在"变更确认表"中,最后返回品管部存档。

5.1.7 把后道工序当客户

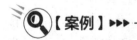【案例】

"班长,这活我不想干了,三班太欺负人了!"清早一上班,一班的小海就开着叉车气呼呼地找到本班班长刘杰哭丧着脸说。

"什么事啊,把你气成那样子,说来听听!"

"还是上次那事,这回我们班送过去的材料他们又说有问题,说是我们产品里面的粉尘太多,容易对他们的机器形成磨损,而且嫌我们的东西毛边太多。之前你说不用管,我就直接给他们送过去了,谁知道他们竟然要我们给拉回来,说要我们清理完之后再给他们,否则就不收货。你说他们不收货也就算了,那几个家伙还在那里臊我,说我们再这样下去的话他们就找老板投诉了,你说让我怎么做?"

其实，这就是典型的上道工序的工作没有做好。上道工序没有及时了解下道工序的需求，导致下道工序产生不满，让班组员工返工、加班，使人力成本增加，最后造成各部门之间的情绪放大，给工厂财产造成浪费。因此，为了更好地发挥班组各自的效用，班组长应让员工树立把下道工序当客户的意识，这样不仅让员工具有合作精神，使工厂内建立和谐的人际关系，而且也可让员工将保证工厂产品品质、成本、交货期当成自己分内的工作去做，使各个部门工作环环相扣。那如何才能让员工树立"后道工序是客户的意识"呢，班组长可从以下方面入手。

（1）每一道工序的成员应该熟悉自己本工序所负责的工作内容和责任范围。如果存在一些"灰色区域"，则需要班组长与后道工序负责人员共同协商，以明确界定双方的责任和义务。

（2）教育员工经常站在后道工序即消费者的角度来思考问题，做好本工序工作。

（3）班组长或员工都应多了解后道工序的操作程序，比如找后道工序要几个样品，以了解自己的成品是用在其中的哪一个环节或位置。

（4）建立与后道工序的联络方式，有需要时可以建立窗口连接。

（5）及时向后道工序和前道工序反馈相应的信息。

（6）设置检查的样品，以便于随时查询。

（7）自己在工作中或工作后随时进行自我检查，以便于即时改善。

5.1.8 现场不良品控制

不良品是指一个产品单位上含有一个或一个以上的缺点。生产现场若要进行不良品控制，班组长则应从了解以下方面的内容着手进行。

5.1.8.1 分析不良品产生的原因

不良品是工厂不愿看到的，但又是很难避免的，因此，在生产过程中应切实分析不良品产生的原因，找出主要影响，这样才能在生产作业中规避并实施改进措施。

5.1.8.2 做好不良品的隔离

生产现场对于不良品实施隔离可达到以下目的：确保不良品不被误用；最大限度地利用物料；明确品质责任；便于品质事项原因的分析。具体做法如下。

（1）在各生产现场（制造、装配或包装）的每台机器或拉台的每个工位旁边，均应配有专用的不良品箱或袋，以便用来收集生产中产生的不良品。

（2）在各生产现场（制造、装配或包装）的每台机器或拉台的每个工位旁边，要专门划出一个专用区域来摆放不良品箱或袋，该区域即为"不良品暂放区"。

（3）各生产现场和楼层要规划出一定面积的"不良品摆放区"用来摆放从生产线上收集来的不良品。

所有的"不良品摆放区"均要用有色油漆进行画线和文字注明，区域面积的大小视该单位产生不良品的数量而定。如图5-19所示。

图5-19　不良品专用存放点

5.1.8.3　不良品区域管制

（1）不良品区内的货物，在没有品质部的书面处理通知时，任何部门或个人不得擅自处理或运用不良品。

（2）不良品的处理必须要由品管部监督进行。

5.1.8.4　不良品的处置

不良品经过评审后就要对其进行处理，不同的不良品其处理方法也是不同的。这里主要讲讲生产现场不良品的处置。

（1）明确相关责任人的职责。对于生产线上的不良品，首先应明确相关责任人的职责。如图5-20所示。

作业人员：通常情况下，对作业中出现的不良品，作业人员（检查人员）在按检查基准判明为不良后，一定要将不良品按不良内容区分放入红色不良品盒中，以便班组长作不良品分类和不良品处理

班组长：班组长应每两小时一次对生产线出现的不良品情况进行巡查，并将各作业人员工位处的不良品，按不良内容区分收回进行确认，然后对每个工位作业人员的不良判定的准确性进行确认

图5-20　现场不良品责任人的职责

（2）对当日内的不良品进行分类。对当日内的不良品进行分类，即当一天工作结束后，班组长应对当日内生产出的不良品进行分类。对某一项（或几项）不良较多的不良内容，或者是那些突发的不良项目进行分析（不明白的要报告上司求得支援），查明其原因，拿出一些初步的解决方法，并在次日的工作中实施。若没有好的对策或者不明白为什么会出现这类不良时，班组长要将其作为问题解决的重点，在次日的品质会议上提出（或报告上司），从而通过他人以及上司（技术人员、专业人员）进行讨论，从各种角度分析、研究，最终制定一些对策并加以实施，然后确认其效果。

（3）不良品的记录及放置。当日的不良品，包括一些用作研究（样品）的或被分解报废等所有不良品都要于当日注册登录在班组长的每日不良品统计表上（见表5-3），然后将不良品放置到指定的不良品放置场所内。

表5-3 不良品隔离管制统计表

生产部门、班组： 日期：

品名、规格	颜色	编号	工位	不良品变动			区编号	备注
				进	出	存		

生产部门： QC：

5.2 Cost——班组现场成本控制

现场成本控制是产品制造过程中对物资消耗、劳动消耗和各种费用支出的控制，它是企业成本控制的组成部分。其目的是通过科学地组织和管理产品制造过程，运用各种降低成本的方法，在保证完成生产任务的前提下，实现成本控制的目标。

5.2.1 节约能源、降低损耗

节约能源、降低损耗就是尽可能地减少能源消耗量，生产出与原来同样数量、同样质量的产品；或者是以原来同样数量的能源消耗量，生产出比原来数量更多或数量相等质量更好的产品。

5.2.1.1 开展节能降耗活动

可以在全公司范围内开展"节能降耗，从我做起"活动。活动以"从我做起，节约一滴水，节约一度电"为主题，要求广大员工从实际出发，无论是在生产或生活中，都要注意节能降耗，从每个人做起、从身边做起、从点滴做起、从举手之劳做起。如图5-21所示。

也可以经常开展有关节能的竞赛与评比活动，使之成为一种风气长久保持下去。一个企业的风气对企业的成长与发展至关重要，只有形成一种"人人争节能，以企业为家"的思想，才能时时想到企业的利益，把节能坚持下去。部门内部可以班组之间竞赛，部门之间也可以竞赛，把竞赛作为一种手段，在竞争中激发员工的创造力，使节能降耗达到新的水平。

车间可成立技术革新小组，集思广益，大家想办法。点滴的节约不仅能带来良好的经济效益，同时也能培养每个人的思想道德、品质和精神，这也代表一种企业文化，这种美德一旦在企业扎根，将会增加凝聚力和战斗力。

（这样活泼的宣传牌效果很好）

图5-21 节能降耗宣传牌

5.2.1.2 运用目视法来管理能耗

（1）环保回收、循环再用。

——垃圾分类存放（化工类、塑料类、纸张类等）。如图5-22、图5-23所示。
——设立环保纸箱。
——申领消耗品、文具等实行以旧换新制度。

图5-22　垃圾分类存放

垃圾桶放到规定区域里，且因种类不同而以不同颜色来区分，有利于废品回收、再利用

某企业对可回收、不可回收、危险废物类、专用类垃圾做了统一的划分，且将垃圾桶做严格的颜色区分

图5-23　对垃圾进行分类

（2）节约用水、用电。
——贴出节约用水、用电的提示。如图5-24、图5-25所示。
——将电源开关标上记号，避免开错开关乱用电。如图5-26所示。
——空调设定合适的温度指标和时段。如图5-27～图5-29所示。

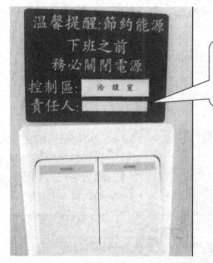

图5-24 节约用电标示

图5-25 节约用水标示

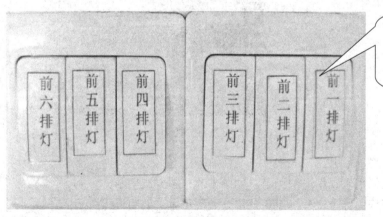

图5-26 电源开关标示

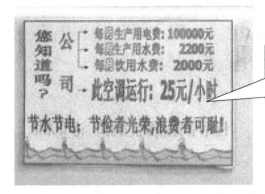

图 5-27　空调耗电标示

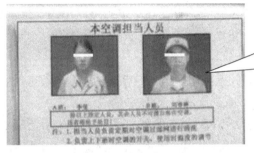

图 5-28　空调能耗责任人标示

图 5-29　空调调温标示

5.2.1.3　采用先进的技术成果节约能源

在工程设计或工程改造中要选用先进的节能型设备，特别是耗能较大的设备，因为一旦投入使用，再想改造难度很大，所以设计上的失误会造成很大的浪费。在已投入使用的情况下，要有计划地逐步使用新材料、新工艺和新技术，通过不断的技术革新降低能源的消耗。

(1) 节约用水。

——员工浴室应采用节水开关。

——在保证能将污物冲净的前提下，减少马桶水箱的储水量，搞好蒸汽冷凝水的回收工作。

——采用磁芯快开水嘴或感应器控制的节能式水龙头或混水器。

(2) 节约用电。

——采用高效的节能灯代替白炽灯泡。

——采用光控技术和时钟继电器控制室外照明灯的开闭。

——三相水泵电动机安装变频器。

——严格控制制冷机的开放，尽量利用室外新风。

——做好空调冷冻水的管道保温，减少冷量损失，因为冷量是用电量换来的。

——确保空调自动调节控制设备灵敏、有效和可靠，以减少冷（热）量的浪费。

(3) 节约天然气。

——调整好锅炉的气门和风门，使其处于最佳燃烧状态，降低天然气的消耗。

——调整好灶台的风、气配比，减少天然气浪费。

——控制好生活用水和空调采暖用水的供水温度，因为水温越高，热量损失越大。

——做好蒸汽管道和热水管道的保温，减少热量的损失。

——搞好蒸汽冷凝水回收工作，节约天然气。

(4) 节约用纸。节约用纸可以开展无纸化办公，要求如下。

——每个部门每天至少应浏览本部门邮箱4次，以确保文件传收的及时性。

——如果传递的是通知性文件，文件应加设密码避免文件被修改。

——如果传递的为引用性文件，文件可不设密码，便于其他部门引用。

——每个部门应及时从邮箱中将本部门的信件取出，以减少占用邮箱的空间。

——各部门邮箱内的邮件超过7天，将被电脑自动删除。

——每个利用邮箱传递的文件应确保与存档备查的文件内容一致。

5.2.2　开展以旧换新、修旧利废活动

以旧换新是指为杜绝浪费、控制生产成本，要特别加强消耗品的使用管理，提高消耗品的有效使用效率，要求现场工作人员在领用一些消耗类、劳保类、文具类、维修类物品时，必须把旧的交回才可以领到新的。

修旧利废就是将撤回或更换的设备、材料直接或经修理后再投入使用，充分发挥物资价值，减少资源浪费。

5.2.2.1 以旧换新

为使以旧换新能更好地执行，最好制定以旧换新制度，确定以旧换新的物品范围、责任人员、标准、工作流程及不执行的处罚规定。同时，可以将以旧换新项目明细用看板的形式公示出来。如图5-30所示。

> 将可以以旧、坏换新的物品类别及品名在公告板上公示出来

图5-30　以旧、坏换新的公示牌

以下为某企业辅料以旧换新方法说明的范本，供参考。

【范本】辅料以旧换新方法说明 ▶▶▶

辅料以旧换新方法说明

名称：　　　　　　　　　　数量：
型号：　　　　　　　　　　日期：

项目	更换方法	备注
胶水类	（1）用完后，保留原罐，以旧换新 （2）用小容器细分，按实际用量，发够一天所需量	
油脂类	（1）用完后，保留原罐，以旧换新 （2）辅料小车定时推过，不足时，及时添加	
烙铁头	以坏换新	
手套	每次发给两对，以旧换新	约每周一对
电池	QC检查人员每人2对，其他人1对，用尽后在底部打"×"字，以旧换新	每对约使用17小时
说明	（1）以上辅料如要增加使用量时，也要重新申请 （2）严禁人为破坏，造成以旧换新的局面 （3）更换时无须签字或盖章，由辅料管理人员记录消耗数量 （4）本部门主管定时巡查，如发现有多余的辅料，一律上交	

5.2.2.2 修旧利废

修旧利废活动是加强企业管理，减少浪费、降低成本费用的有效途径。企业要鼓励各车间自主创新，修旧利废，小改小革，并做好记录。同时，为使这项工作有持续性，要制定相应的实施细则，确定修旧利废管理标准的职责、内容、要求及奖励与考核标准。

5.2.3 消除现场中的浪费

浪费就是对人力、财物、时间等用得不当或没有节制。

5.2.3.1 生产现场中常见七大浪费现象

（1）不良品修理的浪费。这是指工厂内发生不良品，需要进行处置，在时间、人力、物力上的浪费，以及由此造成的相关浪费。

——材料的损失。

——设备、人员工时的损失。

——额外的修复、选别、追加检查。

——额外的检查预防人员。

——降价处理。

——出货延误取消订单。

——信誉下降。

（2）加工的浪费。加工的浪费也称为"过分加工浪费"，一方面是指多余的加工，另一方面是指过分精确的加工。如实际加工精度比加工要求精度要高，造成资源的浪费；需要多余的作业时间和辅助设备；生产用电、气、油等能源浪费；管理工时增加等。

（3）动作的浪费。生产现场作业动作的不合理导致的时间浪费，如物品取放、反转、对准，或作业步行、弯腰、转身子等动作不规范造成的时间浪费。

（4）搬运的浪费。搬运是一种不产生附加价值的动作。搬运的损失分为放置、堆积、移动、整列等动作浪费；物品移动所需要的空间浪费；时间的浪费；工具占用的浪费；搬运人工成本的浪费。

（5）库存的浪费。库存量越大资金积压越大。库存包括：零部件、材料的库存；半成品的库存、成品的库存；已向供应商订购的在途零部件；已发货的在途成品。库存的浪费主要表现如下。

——产生不必要的搬运、堆积、放置、防护、寻找等浪费的运作。

——使先入先出作业困难。

——占用资金（损失利息）及额外的管理费用。

——物品的价值衰减，变成呆料、废料。

——占用空间，影响通过，且造成多余的仓库建设投资的浪费。

（6）制造过多（早）的浪费。JIT生产强调"适时生产"，必要的东西在必要的时候，做出必要的数量，此外都是浪费。而所谓必要的东西和必要的时间，就是指顾客（或下道工序）已决定要的数量与时间。

制造过多与过早的浪费在七大浪费中被视为最大的浪费。

——它提早用掉了费用（材料费、人工费），却不能得到多少实在的好处。

——它会把"等待的浪费"隐藏起来，使管理人员漠视等待的发生而使之永远存在下去失去从而不断改善，进而增强企业"体质"的机会。

——它会使工序间积压在制品，会使制造周期变长，且所需的空间变大（许多企业的车间像仓库，到处都是原材料、在制品、完成品）。

——它会产生搬运、堆积的浪费，并使得先入先出作业变得困难。

——需要增加踏板、包装箱（周转箱）等容器。

——库存量变大，管理工时增加。

——利息负担增加。

（7）等待的浪费。因断料、作业不平衡、计划不当等造成无事可做的等待，也称之为停滞的浪费。等待的浪费主要如下。

——生产线的品种切换。

——每天的工作量变动很大，当工作量少时，便无所事事。

——时常因缺料而使机器闲置。

——因上游工序发生延误，导致下游工序无事可做。

——机器设备时常发生故障。

——生产线未能取得平衡。

——有劳逸不均的现象。

——材料虽已备齐，但制造通知单或设计图并未送来，导致等待。

5.2.3.2　要致力于消除浪费

消除生产现场中的浪费也就是要消除"拿起""放下""清点""搬运"等无附加价值动作，避免"寻找""等待"等动作引起的浪费，也可以通过制定合理作业标准和工作标准，严格执行，提高工作效率。

班组长在生产现场中要找到浪费现象和解决浪费的措施，可以运用IE手法、QC工具来进行，在此不再赘述。

5.2.4　严格控制加班费

加班费是指劳动者按照用人单位生产和工作的需要在规定工作时间之外继续生产劳动或者工作所获得的劳动报酬。

由于现代企业面临竞争环境的不确定性，客户订单急缓程度不同，生产现场加班情况经常发生，而按照劳动法的规定，加班费是平日工资的2～3倍，因而工厂的人工成本就增加许多。要降低人工成本，必须对加班费加以控制。

5.2.4.1 加班界定

企业的《加班管理办法》通常会对加班（加点）的情况加以界定，作为班组长应该有详细的了解。

（1）原定工作计划由于非自己主观的原因（即设备故障、临时穿插了其他紧急工作等）而导致不能在原定计划时间内完成又必须在原定计划内完成的工作（如紧急插单，而原订单也必须按期完成）。

（2）临时增加的工作必须在某个既定时间内完成（如参加展会）。

（3）某些必须在正常工作时间之外也要连续进行的工作（如抢修设备）。

（4）某些限定时间且期限较短的工作（如仓库盘点）。

（5）其他公司安排的加班（加点）工作。

5.2.4.2 加班要申请且获得审批

任何计划加班的部门和员工必须在事前履行申请和审批手续（如有特殊情况事前来不及办理，也要事后补批，同时有证明人签字）。对申请和审批的权限和流程应予以规定，具体如下。

（1）一线操作工的加班（含车间主任）通常由车间主任提出申请，送生产部经理审批，并交人力资源部备案。

（2）公司职能部门普通员工的加班由本人提出申请，送本部门经理审批，并交人力资源部备案。

（3）部门经理加班由本人提出申请，送主管副总审批，并交人力资源部备案。

（4）副总经理加班由总经理审批，并交人力资源部备案。

（5）所有加班人员一律进行加班考勤，计打加班卡。

加班申请单示例见表5-4。

表5-4 加班申请单

部门： 申请日期： 年 月 日

序号	姓名	加班原因	加班类别	工作量		加班时间/h		起止时间
				计划	实际	计划	实际	
1								
2								
3								
...								
备注：								

5.3 Delivery——交货期管理

交货期是与客户约定交付产品的期限。在现场管理中,必须从生产计划、作业控制、交货期保证等方面着手,保证能按期、按量地交货。

5.3.1 了解生产计划

计划是指预先决定要做什么、如何做、何时做、由谁做以及目标是什么等。生产计划是指班组长接收到的生产任务与指令。

5.3.1.1 月生产计划

月计划的目的是做好生产前准备工作,如有问题,必须事先向上级汇报。

当班组长接到最新的月生产计划时,首先要仔细确认与自己相关的内容,如有疑虑,用笔标出问题点后,迅速向上级汇报。比如,确认计划期内有无新产品;老产品的生产量有无变化;同类型的生产班组有哪些;整个计划是否有错误之处;执行计划的责任是否明确。

如没有任何问题,签名后张贴于班组的白板上,向大家公布执行。另外,识别计划中的生产要求,着手准备"4M1E"因素所关联的需求事项。如果计划生产的产品全部都是老产品时,计划的发布日期允许提前一个月,但如果有新产品或试产品时,则必须提前两个月。

5.3.1.2 周生产计划

每周工作计划主要反映的是班组在一周内包括正常生产任务等所有重要事项,既有上周未完成的事项,也有本周要处理的问题。该计划的目的是督促本班组的活动,以便做到按部就班地工作。

周生产计划实际上是月生产计划中最近一周得到确定的部分,它是生产管理部门根据生产信息变化和相关部门实际准备情况制订的用来安排现场生产的计划。它除了具有准备性,更具有执行性。

(1) 周生产计划内容。

——与生产相关的工程、品质、技术、工艺等文件资料得到落实。

——生产人员已全部到位,并接受了必要的相关培训。

——顾客的订单被再次确认,供应商的材料也有了着落。

——库存与出货情况基本明了,再生产时不会造成积压。

——计划表覆盖了两周的内容,但执行的只是第一周,第二周只是参考。

——在计划发行的当天如果接收者没有提出反馈意见,将被认为接受。

周生产计划一定要把上周遗留事项与本周待处理事项的具体工作罗列出来,并注明责任人、完成日期及完成状况。如图5-31所示。

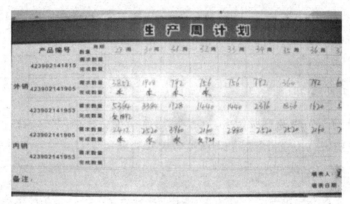

图5-31 周生产计划看板

(2)周生产计划准备。由于周生产计划的管理期限比较短,所以,对于班组来说周生产计划比月生产计划更显得实用些。班组长在做周计划时需要做好以下准备工作。

——确认无误后分发给各生产小组长,让他们安排工作。

——主要是消除各种变异因素对计划可能产生的影响,如材料不到位、场地筹划欠妥、技术指标变更、工艺更改、机器维修、添置工具和治具等。

——进一步落实计划项目的可执行性,非特殊情形许可,各种准备事项原则上应提前一天全部完成。

——着手准备日生产计划实施方案,向车间主任报告。

周生产计划的格式一般与月生产计划相类似,只是覆盖的生产进程只有两周而已。该计划应在上周周三前制成,并在生产协调会议商讨后发给各相关部门执行。发行后的周生产计划一般不予变更,但在有生产事故、重要顾客的紧急订单等特殊情况时除外。虽然周生产计划可以沿用月生产计划的格式,但是,有些行业为了能更突出管理要点,必要时也可以由生产管理部门另行设计。

5.3.1.3 日生产计划

日生产计划是生产现场唯一需要绝对执行的一种计划,它是生产现场各制造部门以周生产计划为依据给各班组做出的每日工作安排。制定的责任者是车间主任,制定方式是在生产例会上以口头形式核准计划中的内容,然后,再由班组长按规定格式写在各自班组的看板上。班组长在执行时应按以下要求处理。

(1)计划内容是铁定的,容不得半点疑问,如完不成时要承担责任。

（2）如果不能按时段完成计划的数量，则通常需要立即采取措施，如申请人员支援、提高速度、加班等。

（3）如超额完成数量，需提前向上级报告。

（4）计划中分时段规定了生产数量，以便于及时跟踪。

（5）该计划是班组长制定生产日报的依据。

5.3.2 协调好生产计划

协调生产计划就是与其他部门就生产计划进行沟通。因为计划再周密也会有疏漏的地方，再加上生产中有许多变化因素，如果不及时进行协调，妥善处理，会影响正常的交货期。班组长一定要跟紧生产计划，一旦发现有不能按时出货的迹象时，要积极主动地与相关部门沟通。

5.3.2.1 协调月生产计划与月出货计划

由于物料、人力、机器等各种原因，月出货计划与月生产计划往往不可能完全一致。为确保生产的按时进行，并符合客户的要求，二者应从以下5个方面进行协调。

（1）按订单情况来协调。当订单数量超过生产能力时，根据订单的轻重缓急协调先生产哪些订单。

（2）根据客户的重要性来协调。哪些是重点客户、哪些是一般客户、哪些客户的订单可以协调，要先生产重点客户的订单。

（3）根据产品的盈利性来协调。选择那些盈利大的产品先生产。

（4）根据产品数量的多少来协调。通常产品数量多的优先安排。

（5）根据以往的情况，保留适当的时间余地，以备紧急加单使用。

月度生产进度看板如图5-32所示。

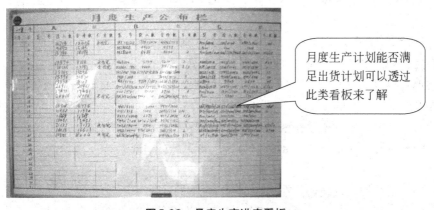

图5-32 月度生产进度看板

5.3.2.2 协调月出货计划与周生产计划

周生产计划是生产的具体执行计划,其准确性非常高,周生产计划应在月出货计划和周生产计划基础上进行充分协调,应考虑到以下因素。

(1)人力负荷是否可以充分支持,如果超负荷的话加班、倒班是否可以解决。

(2)机器设备是否准备好,其产能是否能达到预定产能,若人力或机器无法达到,发外包是否可以解决。

(3)物料是否已到位,未到位是否完全有把握在规定的时间到位。

(4)工艺流程是否有问题,如有问题能否在规定时间内解决。

生产周进度看板如图5-33所示。

某车间的生产周计划与进度看板

图5-33 生产周计划与进度看板

5.3.3 处理紧急订单

紧急订单是指未安排在本生产期间生产,却由于某些原因必须优先交货的计划外订单。

在计划的实际执行中,经常会接到各种计划外的生产订单。由于急单出货时间未定、期限紧,在安排生产时必须要认真处理。

遇有各种紧急订单时,班组长要全力配合上司安排完成,具体可从以下4个方面进行。

(1)分清订单的紧急程度,并视具体的客户类型进行安排。

(2)可与原有的计划订单进行协调,将不急的订单往后安排,重点安排急单的生产。

(3)安排加班、轮班,在按计划生产的同时,加紧急单的生产。

(4)指派专人对急单的生产进行跟踪,随时掌握具体的生产进度。

5.3.4 处理计划延误

计划延误是指不能按照原定的生产计划,在交货期之前把产品生产出来交给客户。

由于出现急单、物料供应落后、机器故障等情形,经常导致现场的计划出现延误,计划如果有延误的预兆,交货期就会受到影响,所以必须掌握现场的具体生产情形,并及时补救。

5.3.4.1 查看延误

班组长必须随时对生产线进行巡查,及时发现各种导致计划延误的情形。可以查看各班组的生产任务看板(如图5-34所示),从具体的数据进行分析,也可以对现场的设备、物料供应、作业形式等进行仔细检查,以确定是否有出现延误的征兆。

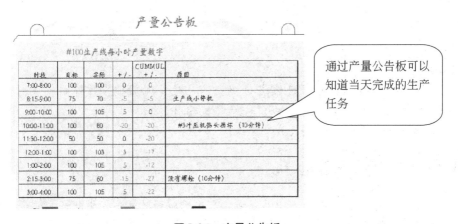

图5-34 产量公告板

5.3.4.2 公布延误

每天的工作结束后,班组长要总结当天的生产数量,对出现的延误记录下来,公布在现场的看板上,并注明延误的原因,在次日的早会上告知每一个作业人员,并将解决措施进行说明。

5.3.4.3 采取补救措施

针对生产计划的延误情形,通常在查明原因后,要制订具体的补救计划,除了检修设备、及时供料外,一般通过加班的方式进行补救。

> **特别提示：**
>
> 在安排加班时，尽量不要将所有的任务累计起来而集中到某一休息日（星期天）进行，最好将任务平均安排在工作时间内，可以每天安排加1~2小时的班。

以生产数量延误100件为例，应制作以下的补救计划表（见表5-5）。

表5-5 补救计划表

品名	日期	22	23	24	25	26	27	28	29	30	备注
××电子零器件	日生产计划	800	800	800	800	星期日	800	800			
	补救	20	20	20	20		20				
	日实累计	816	818	820	822		816	808			
	差异累计	-4	-6	-6	-4		-8	0			

> **特别提示：**
>
> 班组长必须随时对生产线进行巡查，及时发现各种导致计划延误的情形，报告上级，并在自己的权力范围内进行补救。

5.3.5 处理生产异常

生产异常是指造成制造部门停工或生产进度延迟的情形，由此造成的无效工时，也可称为异常工时。生产异常在生产作业活动中是比较常见的，作为班组长应及时掌握异常状况，适时采取相应对策，以确保生产任务的完成，满足客户交货期的要求。

5.3.5.1 掌握生产异常的方法

生产异常的出现具有很大偶然性。在生产现场，由于计划的变更、设备的异常、物料供应不及时（断料）等原因会产生生产异常。班组长可采取如图5-35所示方法掌握现场的异常情形。

5.3.5.2 处理生产异常

在发现现场的生产异常情形后，班组长要在第一时间将其排除，并将处理结果向生产主管反映。具体的异常排除措施见表5-6所示。

方法一	设置异常管理看板，并随时查看看板
方法二	通过"生产进度跟踪表"将生产实绩与计划产量对比以了解生产异常
方法三	设定异常标准，通过现场巡查发现的问题点来判断是否发生异常

图5-35 掌握生产异常的方法

表5-6 生产异常状况排除措施

序号	异常情形	排除说明
1	生产计划异常	（1）根据调整的计划，迅速作出合理的工作安排，以提高生产效率，保证总产量不变 （2）安排因计划调整而余留的成品、半成品、原物料的盘点、入库、清退等处理工作 （3）安排因计划调整而闲置的人员做前加工或原产品生产等工作 （4）安排人员以最快的速度做计划更换后的物料、设备等准备工作
2	物料异常	（1）物料即将告缺前30分钟，将物料信息反馈给相关部门 （2）物料告缺前10分钟确认物料何时可以续上 （3）如物料属短暂断料，可安排闲置人员做前加工、整理、整顿或其他零星工作 （4）如物料断料时间较长，要考虑将计划变更，安排生产其他产品
3	设备异常	（1）发生设备异常时，立即通知技术人员协助排除故障 （2）安排闲置人员做整理、整顿或前加工工作 （3）如设备故障不易排除，需较长时间，应安排闲置人员做其他的相关工作
4	制造过程中品质异常	（1）异常发生时，迅速通知品管部及相关部门 （2）协助品管部、责任部门一起研讨对策 （3）配合临时对策的实施，以确保生产任务的完成 （4）对策实施前，可安排闲置人员做前加工或整理、整顿工作 （5）异常确属暂时无法排除时，应向上司反映，并考虑变更计划
5	设计工艺异常	（1）迅速通知工程技术人员前来解决 （2）短时间难以解决的异常，应向上司反映，并考虑变更计划
6	水电异常	（1）迅速采取降低损失的措施 （2）迅速通知行政后勤人员加以处理 （3）闲置人员可做其他工作安排

5.3.6 控制生产进度

生产是按照工序一个一个进行的，每个工序都需要一定的生产周期来完成。生产进度就是生产任务完成的程度，生产进度落后会直接影响交货期，所以班组长必须对生产进度进行跟踪控制，以便把握准确的交货期。

5.3.6.1 掌握生产进度的方法

为了掌握具体的生产进度，班组长可通过如图5-36所示的方法进行了解。

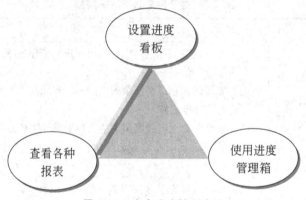

图5-36　生产进度控制方法

（1）设置进度看板。即在生产现场醒目的地方设置一个"生产进度看板"，把预定目标及实际的生产数据，在第一时间同步反映出来，通过查看该看板能及时把握具体的生产进度。如图5-37所示。

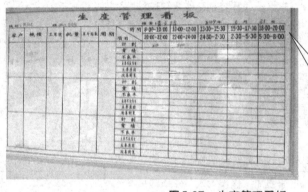

图5-37　生产管理看板

（2）查看各种报表。在跟踪生产进度的过程中，要及时查看现场以及相关人员递交的各种相关表格，如生产量日统计表、作业日报表等。

（3）使用进度管理箱。为了掌握整体的生产进度，可以考虑使用进度管理箱

（如图5-38所示）。具体实施时，可以设计一个有60个小格的敞口箱子，每一个小格代表一个日期。每行的左边三格放生产指令单，右边三格放领料单（比如，某月1日的指令单放在左边1所指的格子里，则领料单放在右边1所指的格子里）。随时进行检查，如果发现有过期没有处理的指令单，就说明生产进度落后了，要采取相关措施。

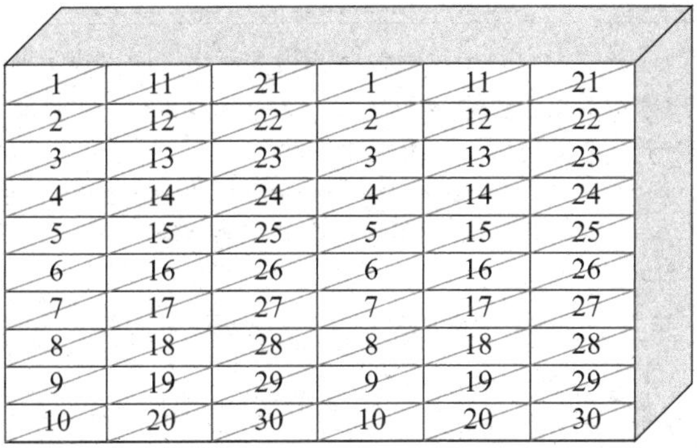

图5-38　进度管理箱

5.3.6.2　班组进度控制的关键

班组进度控制的关键在于班组生产技术准备的控制、班组外转零件的控制、班组生产信息的控制、班组在制品流转的控制、班组关键设备的控制，具体要求如图5-39所示。

| 关键一 | 班组生产技术准备的控制 |

充分利用生产准备时间，提前做好工装、刀具、程序、图纸等生产技术准备，减少设备等待时间，提高加工效率，保证生产进度

| 关键二 | 班组外转零件的控制 |

首先要保证零件按计划节点转出，保证承制单位正常生产组织，零件转出后主动通知车间调度，以保证零件受控

| 关键三 | 班组生产信息的控制 |

通过早班会、管理视板等手段，有效传递生产信息，将班组计划安排传递到每位员工，保证员工清楚自己的任务；将生产中存在的问题积极传递到班组长、车间领导及相关负责人，保证问题能被迅速解决

图5-39

关键四 班组在制品流转的控制

根据班组实际情况制定规则,保证零件完成加工后能被及时下转,保证物流畅通,减少工序间的等待

关键五 班组瓶颈设备的控制

瓶颈设备的产出等于班组设备的最大产出,所以班组要关注瓶颈设备的利用率,可以通过数控增效、分流瓶颈设备负荷等办法,缓解瓶颈设备的压力,保证整体生产效率的提高

图5-39 班组进度控制的关键

5.3.6.3 处理落后的生产进度

在生产过程中,赶不上生产计划是很正常的,所以在出现生产进度落后时,班组长要积极采取相关措施。

(1)调整班次,安排人员加班、轮班。

(2)外包生产。对于不重要、不急的订单可以外包给其他厂家,集中精力主攻重要、紧急的订单。

5.3.7 缩短交货期

交货期是指卖方将货物装上运往目的地(港)的运输工具或交付承运人的日期。如图5-40所示。

为了能够按时交货,班组长可以采取表5-7所列中的方法,通过缩短交货期,协调好不同订单的生产。

表5-7 交货期的缩短方法

序号	方法	具体说明
1	调整生产顺序	将特定、紧急的订单优先安排进行生产,但这种优先要事先取得销售部门的认可
2	分批生产、同时生产	把同一订单的产品分成几批进行生产,首次的批量少点,以便尽快生产出来,这部分就能缩短交货期,或用几条流水线同时进行生产来达到缩短交货期的目的
3	缩短工程时间	缩短安排工作的时间,排除工程上浪费时间的因素或在技术上下功夫,加快加工速度以缩短工程时间

图5-40　交货期装车发货

5.3.8　处理交货期变更

交货期变更是指由于各种原因推迟交货或者提前交货,交货期变更自然会影响到生产计划的调整。如果客户由于特殊原因要更改交货期,班组长要及时与相关人员进行沟通,并及时地调整生产,尽量保证交货期。

5.3.8.1　调整进度

班组长根据客户所要求变更的交货期,调整生产的进度,发出"进度修订通知单"(见表5-8),调整生产计划。

表5-8　进度修订通知单

收受：　　　　　　日期：　　年　　月　　日　　　　　编号：

订单号	品名	类别	投料数量及日期	完工数量及日期	数量	修订日期
		原进度				
		修订进度				
		原进度				
		修订进度				
		原进度				
		修订进度				
生产主管：				承办：		

5.3.8.2 安排生产

如果交货期提前,班组长要耐心向现场人员说明,并安排加班,对于不急、不重要的订单实施外包。如果交货期延后,则可以调整生产计划,将其他订单优先生产,但必须保证调整后的订单能按期交货。

5.3.9 处理交货期延误

交货期延误是指因为各种原因不能按期完成生产任务,造成不能如期将货交给客户。

5.3.9.1 找出延误的原因

交货期延误并非仅仅是生产的原因,采购、品质、物料等方面的其他原因也可能导致产品生产延误,影响交货期。

5.3.9.2 采取补救方法

对已经延误的交货期应采取以下的补救方法。
(1)在知道要误期时,先和不急、不重要的订单对换生产日期。
(2)延长作业时间(加班、休息日上班、两班制、三班制)。
(3)将同一订单的产品分批生产、分批交货。
(4)同时使用多条流水线生产。
(5)请求销售、后勤等其他部门的支援,这样等于增加了作业时间。
(6)外包给其他工厂生产一部分。

5.4 Safety——现场安全管理

在生产现场中,存在着许多的不安全因素,如果不按照安全要求进行管理,这些因素可能造成事故,所以班组长必须重视并做好现场的安全管理,打造一个安全的生产现场。

5.4.1 开好班前安全会

班前会是各班组在正式上岗前,由班组长主持、班组员工参加,以班组为单位集合召开的工作会议,是班组考核员工签到、安排当班具体工作、形势任务教育每天必开的例会,是对当班安全生产的指导、分析、鼓励、动员,是对当班可能出现的安全危险因素伤害和职业健康危害的预知预警的工作安排会，也是广大职工了解当前形势和企业生产经营情况的主要途径。

5.4.1.1 班前安全会的基本要求

（1）在所有班组中，无论是正常交接班，还是安排临时、重大作业前，凡两人以上（含两人）在同一工作场所作业的，必须由班长（或临时负责人）负责对员工进行班前安全讲话。

（2）每次安全讲话时间要控制在5～8分钟以内。讲话前，讲话人要结合与本岗位有关各因素，事前作充分的讲话内容准备，最好用讲话稿讲话，并保留讲话稿（如图5-41所示）。

图5-41 召开班前安全会

5.4.1.2 班组长的事前准备

（1）提前到现场了解情况。班组长应提前到工作现场，查看上一班的记录，认真听取上一班班长交接班情况，详细记录上班是否有不正常情况，掌握第一手材料；与部门（车间）领导联系，是否有重要制度或会议精神、文件需要传达，领导是否需要参会。

（2）开会前要认真整理准备会议内容。班组长在开会前要将上一班的安全、工艺、设备、生产状况等方面存在的问题及经验进行归纳，客观、全面、细致地总结，对存在的问题要认真分析，拿出解决问题的具体办法，确保本班不再发生类似现象。

5.4.1.3 班前安全会的流程

（1）班前签到。必须要求当班人员在班前15分钟到齐，班组长或指定考勤员组织当班人员签到，作为考勤的依据。一般要求在3分钟内完成。

（2）列队，检查仪表及劳保用品的穿戴。

——由班长（或其他讲话人）组织员工列队。

——由班长（或其他讲话人）目视观察（确认）员工人数、表情（情绪）和劳动保护用品的穿戴情况，如有不符合着装规定的，人数较多的班组，班长可以让员工相互整理着装，人数较少的班组，如3人以下，班长可以亲自为员工整理着装。

特别提示：

凡精神状态不佳者，班组长均应引起足够的重视，对其的工作安排要有所考虑或另作调整使用。

（3）传达精神。按照上级要求传达上级会议精神，或者学习某个文件、材料。

（4）安全提示。本班当日作业前安全预测及防范措施；设备在使用中可能出现的隐患及预防措施；提示周边和自然环境、气候变化可能出现的风险及预防措施等。

（5）工作布置。

——明确本班员工当班的主要工作任务（包括加油、保洁、整理物品、学习）。

——明确本班员工岗位职责。

——明确本班员工在发生或出现突发事故时的分工。

特别提示：

班长讲完话以后，最好是随机挑选三名普通员工询问了解情况，确保关键精神落实到每个职工。

对于班前会，如果企业没有一个规定的模式或流程的话，班组长可以自己整理出一个流程出来，这样，每次开起班前会来就很规范、很正式，班组成员也就会真正地重视起班前会。表5-9是某工厂班前会的流程、内容、标准及时间要求，希望对你有所帮助。

表5-9 班前会的流程、内容、标准及时间要求

序号	阶段名称	工作内容	实施标准	时间要求
1	班前准备	（1）确认本班当日生产计划、型号、时间、材料及备货等要求	任务细化分配到每个岗位每名员工	上班前
		（2）确认上班生产情况	收集上班质量、安全、环境问题的通报材料	上班前

续表

序号	阶段名称	工作内容	实施标准	时间要求
1	班前准备	（3）检查现场设备、工器具、交接班记录及环境	现场巡视记录并组织通报材料	上班前
		（4）收集事故通报，学习文件、现场案例等	相关文件、素材、材料整理，组织发言材料	上班前
2	班前会集合	（1）集合	班组全员在班前5分钟到班组活动室集合	班前5分钟
		（2）班长检查着装、劳保用品穿戴、人员出勤、上岗证等	劳防用品及着装规范、上岗证及操作证随时佩戴等，准时出勤	20秒检查完毕
		（3）班长观察班组人员情况	观察员工精神状态，是否精神恍惚、是否有黑眼圈熬夜、是否感冒生病、是否喝酒等	10秒观察完毕
3	班前会	（1）班前点名，记录考勤	班长宣读姓名，班组成员听到后喊"到"，声音洪亮，保证每位员工听清楚	40秒完成
		（2）喊口号或唱厂歌、会前破冰活动	班长带头，重复三次，统一口号	15秒完成
		（3）宣布班前会开始，公布上班现场情况和存在的问题，如产量、质量、安全、设备、环境、交接班情况等并对存在的不足和要求的整改措施进行讲解分析	简洁扼要，数据为主，着重强调问题	1分钟
		（4）学习公司文件或会议精神，传达部门（车间）要求	文件学习要有记录和人员签到	2分钟
		（5）工作部署，今日生产品种、产量、质量及时间要求，依据当班工作内容向组员进行安全预知教育及注意事项和可能发生的问题与对策	工作布置要按5W1H要求表述清晰明确并与员工确认，安全预知等要针对实际生产有针对性	1分钟
		（6）安全工作提醒宣贯，事故通报、岗位规程、应急预案、危险源讲解、异常情况处理等	要求每班内容都不一样，每两周可重复强调一次	1分钟
		（7）宣传和讲解生产工作操作注意事项，明确注意的事项和处理方法	根据近一时期生产出现的问题给予强调	1分钟

续表

序号	阶段名称	工作内容	实施标准	时间要求
3	班前会	（8）班长带领齐喊口号或唱厂歌，宣布结束，员工签字确认后回岗位工作，班长按要求记录台账并放置于指定区域	班长带头，唱厂歌一遍或喊口号三遍，口号统一，声音整齐响亮，签字确认后方可回岗位，台账放置在指定区域	40秒

5.4.2 召开班后会

班后会是一天工作结束或告一段落，在下班前由班组长主持召开的一次班组会。班后会以讲评的方式，在总结、检查（某种意义上也是一次小的评比）生产任务的同时，总结、检查安全工作，并提出整改意见。班前会是班后会的前提与基础，班后会则是班前会的继续和发展。

5.4.2.1 班后会的基本要求

（1）班后会必须全员参加，对迟到或未参加班后会的人员，事后要及时补会。

（2）班后会召开时间不要太长，通常为10分钟。

5.4.2.2 班后会的主要内容

班后会的主要内容如下。

（1）简明扼要地小结完成当天生产任务和执行安全规程的情况，既要肯定好的方面，又要找出存在的问题和不足。

（2）对工作中认真执行规程制度、表现突出的员工进行表扬；对违章指挥、违章作业的职工视情节轻重和造成后果的大小，提出批评或进行考核处罚。

（3）对人员安排、作业（操作）方法、安全事项提出改进意见，对作业（操作）中发生的不安全因素、现象提出防范措施。

（4）要全面、准确地了解实际情况，使总结讲评具有说服力。

（5）注意工作方法，做好"人"的思想工作。以灵活机动的方式，激励员工安全工作的积极性，增强自我保护能力，帮助他们端正态度，克服消极情绪，以达到安全生产的共同目的。

5.4.3 关注现场作业环境的安全

作业环境是指工作场所中对操作人员的安全、健康和工作能力，以及对机器、设备（或某些部件、装置等）的正常运行产生重要影响的所有天然的和人为的因素的组合。

在意外事故的发生中环境因素不可忽视，通常脏乱的工作环境、不合理的工厂布置、不合理的搬运工具、采光与照明不好、危险的工作场所都容易造成事故发生，因而，班组长在安全防范中应对作业环境加以关注，对生产现场加以整理整顿，平时一定要留意以下事项。

（1）作业现场的采光与照明是否足够。

（2）通气状况是否良好。

（3）作业现场是否充满了碎铁屑与木块，是否会影响作业。

（4）作业现场的通道是否够宽，是否有阻碍物存在。

（5）作业现场的地板上是否有油或水，对员工的作业进行是否会产生影响。

（6）作业现场的窗户是否擦干净。

（7）防火设备是否能正常地发挥其功能，是否进行定期的检查。

（8）载货的手推车在不使用的时候，是否放在指定点。

（9）作业安全宣导的标语，是否贴在最引人注意的地方。

（10）经常使用的楼梯、货品放置台是否有摆置不良的地方。

（11）设备装置与机械是否依安全手册置于最正确的地点。

（12）机械的运转状况是否正常；润滑油注油口是否有油漏到作业地板上。

（13）下雨天，雨伞与伞具是否放置在规定的地方。

（14）作业现场是否置有危险品，其管理是否妥善，是否做了定期检查。

（15）作业现场入口的门是否处于最容易开启的状态。

（16）放置废物与垃圾的地方，是否通风系统良好。

（17）日光灯的台座是否牢固，是否清理得很干净。

（18）电气装置的开关或插座是否有脱落的地方。

（19）机械设备的附属工具是否凌乱地放置在各处。

（20）上司的指示与注意点员工是否都能深入地了解，并依序执行。

（21）共同作业的同事是否能完全与自己配合。

（22）其他问题。

5.4.4 关注员工的状况

关注员工的状况是指班组长在工作过程中要注意观察员工，发现员工是否有身体不好、身心疲劳的现象。因为事故、灾害发生的原因之一，是由于员工身体状况不良，或超时作业所引起的身心疲劳，导致员工的精神无法集中在工作上，此时也是事故最容易发生的时刻。

班组长在安排作业时，一定要多加考虑员工的状况，千万不可为了赶工，而无理地要求员工做超时的作业,这是很危险的行为;员工在追求高效率作业时,也要适时地调整自己的身体状况,不可以将企业安排的休养时间,作过度刺激的娱乐活动,这样不但失去其意义,还会降低工作效率,在最糟时,更会发生悲惨的事故。

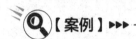【案例】▶▶▶

  最近车间的人都注意到女工唐霞工作状态很差,经常心不在焉,好像心事重重。她若再继续这样下去的话,不但严重影响整条流水线的生产效率,还可能因为她的一时疏忽导致意外的发生。这天早晨,罗英实在是忍不住,问道:"唐姐,你怎么啦?我看你这段时间好像有心事?""哦!没有什么,只是家里有点事。我父亲生病在床,这几天还有吐血现象。这几天我夜里睡不好。家里只有我这份收入,如果我在家照顾他的话就没钱治病,如果继续工作,我又放心不下。""唐姐,那你可要小心啦,要不你去打包那边吧,那边的活轻松一点,你这里我来帮你做。""不行,班长肯定不让的,他这人你又不是不知道!"正说着,班长赵刚过来了,"你们俩在说什么呢?我说唐霞,你这些天干活老是心不在焉的,这会儿该干活的时候你又在这里闲聊,我说你们女同志啊,怎么老是要我盯着才干活呢?罗英,你也快给我到你的位置上去,没事少在这里交头接耳的。"唐霞含泪低头继续干活,一见她这样,罗英也不敢再吱声,回到自己的工位上接着做。

  当天晚上,唐霞与同事一起操作滚筒烘干机进行烘干作业。她在向烘干机放料时,被旋转的联轴节挂住裤脚口摔倒在地。待旁边的同事罗英听到呼救声后,马上关闭电源让设备停转下来,才使唐霞脱险,但她的腿部已严重擦伤。

  安全生产工作从某种意义上说,是关心人的工作。在生产过程中要做到互相关心、互相帮助,才能避免事故发生。对那些性格内向或孤僻的人,班组长应主动接近他们、关心他们、帮助他们,以情感人,增强团结。对班组成员在作业中的情绪尤其要加以注意,不良情绪往往是事故的肇因。通常来说,班组长要留意以下事项。

  (1)员工对作业是否持有轻视的态度。
  (2)员工对作业是否持有开玩笑的态度。
  (3)员工对上司的命令与指导是否持有反抗的态度。
  (4)员工是否有与同事发生不和的现象。
  (5)员工是否在作业时有睡眠不足的情形。
  (6)员工身心是否有疲劳的现象。

(7) 员工手、足的动作是否经常维持正常状况。
(8) 员工是否经常有轻微感冒或身体不适的情形。
(9) 员工对作业的联系与作业报告是否有怠慢的情形发生。
(10) 员工是否有心理不平衡或担心的地方。
(11) 员工是否有穿着不整洁的作业制服与违反公司规定的事项。
(12) 其他问题。

5.4.5　督导员工严格执行安全操作规程

安全操作规程是为了保证安全生产而制定的,是操作者必须遵守的操作活动规则。

安全操作规程是前人在生产实践中摸索得来的,甚至是用鲜血换来的经验教训,它集中反映了生产的客观规律,因此,对于安全操作规程,班组长必须监督员工认真执行,不能随意违反和破坏,否则,就会发生安全事故,受到客观规律的惩罚。

【案例】▶▶▶

自从前几次活动之后,班长陈杰和王刚、李明之间的距离拉近了不少,他们开始喜欢和他谈心,而且工作积极性越来越高了。"班长,我发现那个冷凝器这些天好像一直在漏油,要不这两天我和阿明一起去把它给焊一下?"周末快要下班时,王刚向班长陈杰主动请缨。"好啊,难得你们想到了。不过电焊时对周围的条件是有要求的,你要找安全部门开张动火票才可以动手去做。""明天就是周末了,我刚才看到安全部门的经理已经出去了,要不我们就先焊了吧,等下个星期回来再补动火票不就行了。这样把冷凝器补好了,也不耽误生产部下个星期的生产,还省得他们老是催。""这样啊,那你们一定要小心,注意安全。做之前要按照动火票上的要求全部检查符合条件之后才可以开始,一定要记住!""你就放心去休假吧,我们一定搞好。"王刚和李明笑着说。看到他们这么努力,陈杰打心底里高兴,哼着歌下班回家了。"班长走了,我们来检查一下吧。明天好加班干活儿。""李明,你就别折腾了,我们上次不也是这样嘛,还有什么好检查的。你真是!走走走,吃饭去。"

第二天,二人在烧焊时,未按操作规程要求在烧焊区域先泼水形成隔离带,也未准备灭火器在旁以备不时之需。由于溅出的火星将冷凝器中的漏油燃烧起来,后又因烧焊的地方二人没有按要求准备灭火器,且二人在情急之下又未能正确使用消防水枪,以致在水压过大的情况下消防水管爆裂无法灭火,结果火势很快上升,在很短的时间内燃烧到周围的锅炉房外的冷却水塔(内有易燃材料),将整个冷却水塔烧穿,造成经济损失20万元以上。这件事情不但让他们自己遭到公司的除名,还连累了他们敬爱的班长陈杰。

企业为了贯彻安全生产的方针和政策,以确保职工的生产安全和身体健康的需要,须制定出一套符合安全要求的操作规程,投入生产过程中去指导操作,通过一定时间的实践修改和补充,以使安全操作规程更趋完善。明确了安全操作规程,最关键的问题是用什么样的态度去实践呢?一般会出现两种情况:一种是不遵守规程,依然我行我素不吸取教训;另一种是严格遵守,自觉执行。大家一定都倡导后者,那么如何才能做到严格遵守和认真执行呢,具体方法如下。

5.4.5.1　在操作过程中要保持精力集中

人的操作动作不仅要通过大脑的思考,还要受心理状态的支配,如果心理状态不正常,自然精力也不会高度集中,在操作过程中就会出现操作方法不当而发生事故。为此,要求操作人员一定要始终保持精力旺盛、情绪饱满;热爱本职工作,做到兴趣浓厚;要有高度责任心,做到能确保安全;要仔细观察和思考判断,从而保持清醒的头脑去操作;要理智地控制自己的情绪,避免外来因素的干扰而分散注意力等。

5.4.5.2　在操作中要认真做到文明操作

文明操作是确保安全操作的重要组成部分,做到明确任务要求,熟悉所需原料性质,检查设备及其防护装置有无异常现象,排除设备周围的阻碍物品,力求做到准备充分,避免中途分散注意。保持生产现场的秩序井然,遵守劳动纪律,不得中途擅离岗位而让设备运转,不得一边操作一边做其他的事,更不得让不懂操作的人员操作。

操作中出现突发情况,也是正常现象,千万不能过分紧张和急躁,一定要冷静对待和善于处理,才不会酿成操作差错而产生事故,杜绝麻痹、侥幸、对不安全因素熟视无睹,抱着侥幸过日子,让每个人都能从自身做起,把安全放在第一位,真正做到高高兴兴上班来,平平安安回家去。

5.4.6　监督员工严格遵守作业标准

作业标准是为了保证在规定的成本、规定的时间内,安全地、保质保量地完成产品所制定的方法。

经验证明,绝大多数的安全事故与违章操作有关,因此严格要求员工遵守标准是避免安全事故发生的一个有效手段。在制定操作标准的过程中，已经充分地考虑了安全方面的因素，违章操作很可能导致安全事故发生。

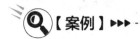【案例】▶▶▶

"彭杰越，来加工一下这几个配件，我下午过来拿。你看过标准作业指导书了吧？有没有什么不会的地方？就挂在那里，不会的地方随时再认真看看。"班长陈杰拿着几个配件过来交给彭杰越。"看过了，挺明白的。"不一会，他就压好了两个了。这一个比之前的两个厚一些，彭杰越看也不看，据了一下，也不抬高矫正机头换用厚尺寸的压铁，直接就将一块长300毫米、厚60毫米的铁件往机头里面送去，只伸进30毫米时，便磕到机头上了，顿时垫铁和被压件同时被压偏挤飞，垫铁将彭杰越的眼部击伤。

作业标准是前人经验与智慧的结晶，然而，就像人为了自己方便常常存在忽视的倾向，作业人员往往会轻视每天周而复始的作业标准，由此就会形成事故的萌芽。

这种情形好比开车时超车一样。当你想超车时，为了超过其他车辆，往往会忽视速度限制（就是为确保行车安全所设的速度标准），结果撞车事故就会不断发生。

同样的道理，在作业场所之内，如果不严格遵守作业标准，纵然一时未发生伤亡事故，但终究存在事故隐患。所以，对于任何作业标准，员工都要认真遵守。

对于班组长而言，要现场指导跟踪确认，做什么？如何做？重点在哪里？班组长应该对他的组员传授到位。仅教会还不行，还要跟进确认一段时间，看看组员是否真会，结果是否稳定，如果只是口头交代，甚至没有去跟踪的话，那这种标准执行起来也是不会成功的。比如日本有一首民谣："没说的，我不知道。说过的，我起码记得。做过的，才是我的本领。"

5.4.7 监督员工穿戴劳保用品

劳动保护用品，是指保护劳动者在生产过程中的人身安全与健康所必备的一种防御性装备，对于减少职业危害起着相当重要的作用。

劳保用品的最大作用就是保护员工在工作过程中免受伤害或者防止形成职业病，但实际生产中因为员工对此意义理解不够，认为劳保用品碍手碍脚，是妨碍工作的累赘，这样，就要求班组长持续不断地加强教育，严格要求，使之形成习惯，决不能视而不见。

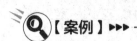【案例】

某纺织厂有个规定,试车的时候不能戴手套。李明是厂里的老员工,多次被厂里评为优秀员工,有很丰富的工作经验。也许正是这些经验让这位德高望重的老员工存在一种侥幸的心理,经常在试车的时候违规戴手套。碍于情面,班长赵军也不好说他什么,就私下叫王刚去提醒他注意一些。王刚刚说完,李明满不在乎地说:"放心了,不会有什么问题的。我吃的盐比你吃的饭还多呢!"

结果,手套绞入了机器里面,把手也带了进去,随之,一幕惨剧发生了,鲜红的血洒了一地。也许正是这丰富的工作经验让他存有一定的侥幸心理,认为自己不会出事,事故离他很远。

5.4.7.1 劳保用品的种类

劳保用品在预防职业危害的综合措施中,属于第一级预防部分,当劳动条件尚不能从设备上改善时,还是主要防护手段。在某些情况下,如发生中毒事故或设备检修时,合理使用劳保用品,可起到重要的防护作用。

劳动防护用品按照防护部位分为10类,见表5-10。

表5-10 劳动防护用品的分类

序号	类别	作用
1	安全帽类	用于保护头部,防撞击、挤压伤害的护具,主要有塑料、橡胶、玻璃、胶纸、防寒和竹藤安全帽,如图5-42所示
2	呼吸护具类	预防尘肺和职业病的重要护品,按用途分为防尘、防毒、供养三类,按作用原理分为过滤式、隔绝式两类
3	眼防护具	用以保护作业人员的眼睛、面部,防止外来伤害,分为焊接用眼护具、炉窑用眼护具、防冲击眼护具、微波防护具、激光防护镜以及防X射线、防化学、防尘等眼护具
4	听力护具	长期在90分贝(A)以上或短时115分贝(A)以上环境中工作时应使用听力护具,听力护具有耳塞、耳罩和帽盔三类,听力保护系列产品有低压发泡型带线耳塞、宝塔型带线耳塞、带线耳塞、圣诞树型耳塞、圣诞树型带线耳塞、带线型耳塞、经济型挂安全帽式耳罩、轻质耳罩、防护耳罩,如图5-43所示
5	防护鞋	用于保护足部免受伤害,目前主要产品有防砸、绝缘、防静电、耐酸碱、耐油、防滑鞋等

续表

序号	类别	作用
6	防护手套	用于手部保护,主要有耐酸碱手套、电工绝缘手套、电焊手套、防X射线手套、石棉手套等
7	防护服	用于保护职工免受劳动环境中的物理、化学因素的伤害,防护服分为特殊防护服和一般作业服两类
8	防坠落护具	用于防止坠落事故发生,主要有安全带、安全绳和安全网
9	护肤用品	用于外露皮肤的保护,分为护肤膏和洗涤剂
10	面罩面屏	用于脸部的保护,有防护屏、防护面屏、ADF焊接头盔等

安全帽是头部保护的必备用品

图5-42 安全帽

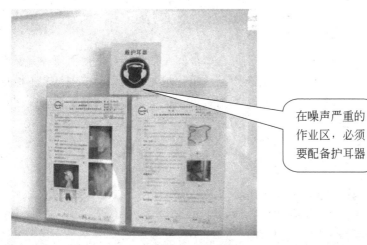

在噪声严重的作业区,必须要配备护耳器

图5-43 护耳器

5.4.7.2 劳保用品的发放标准

防护用品的发放标准如下。

（1）有下列情况之一的，工厂应该供给工人工作服或者围裙，并且根据需要分别供给工作帽、口罩、手套、护腿和鞋盖等防护用品。

——有灼伤、烫伤或者容易发生机械外伤等危险的操作。

——在强烈辐射热或者低温条件下的操作。

——散放毒性、刺激性、感染性物质或者大量粉尘的操作。

——经常使衣服腐蚀、潮湿或者特别肮脏的操作。

（2）在有危害健康的气体、蒸气或者粉尘的场所操作的人员，应该由工厂分别供给适用的口罩、防护眼镜和防毒面具等。

（3）工作中产生有毒的粉尘和烟气，可能伤害口腔、鼻腔、眼睛、皮肤的，应该由工厂分别供给工人漱洗药水或者防护药膏。

（4）在有噪声、强光、辐射热和飞溅火花、碎片、刨屑的场所操作的人员，应该由工厂分别供给护耳器、防护眼镜、面具和帽盔等。

（5）经常站在有水或者其他液体的地面上操作的人员，应该由工厂供给防水靴或者防水鞋等。

（6）高空作业人员，应该由工厂供给安全带。

（7）电气操作人员，应该由工厂按照需要分别供给绝缘靴、绝缘手套等。

（8）经常在露天工作的人员，应该由工厂供给防晒、防雨的用具。

（9）在寒冷气候中必须露天进行工作的人员，应该由工厂根据需要供给御寒用品。

（10）在有传染疾病危险的生产部门中，应该由工厂供给员工洗手用的消毒剂，所有工具、工作服和防护用品，必须由工厂负责定期消毒。

（11）产生大量一氧化碳等有毒气体的工厂，应该备有防毒救护用具，必要的时候应该设立防毒救护站。

作为班组长，一定要对本工厂、本车间在哪些条件下使用何种劳保用品有一定的了解，同时，要对各种劳保用品的用途也要有所了解，当员工不按规定穿戴劳保用品时，可以将公司的规定搬出来讲，也可以向他解释穿戴劳保用品的好处和不穿戴的坏处。

5.4.7.3 监督并教育员工按照使用要求佩戴和使用

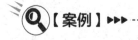

某煤机厂职工小刘正在摇臂钻床上进行钻孔作业。测量零件时，小刘没有关停钻床，只是把摇臂推到一边，就用戴手套的手去搬动工件，这时，飞速旋转的

钻头猛地绞住了小刘的手套，强大的力量拽着小刘的手臂往钻头上缠绕。小刘一边喊叫，一边拼命挣扎，等其他工友听到喊声关掉钻床，小刘的手套、工作服已被撕烂，右手小拇指也被绞断。

从上面的例子可以看到，劳保用品也不能随便使用，操作旋转机械最忌戴手套。所以，班组长一定要监督并教育班组成员按照使用要求佩戴和使用劳保用品。在佩戴和使用劳保用品时，要防止发生以下情况。

（1）从事高空作业的人员，不系好安全带发生坠落。

（2）从事电工作业（或手持电动工具）不穿绝缘鞋发生触电。

（3）在车间或工地不按要求穿工作服，或虽穿工作服但穿着不整齐，敞着前襟、不系袖口等，造成机械缠绕。

（4）长发不盘入工作帽中，造成长发被机械卷入。

（5）不正确戴手套。有的该戴的不戴，造成手的烫伤、刺破等伤害；有的不该戴的而戴了，造成卷住手套带进手去，甚至连胳膊也带进去的伤害事故。

（6）不及时佩戴适当的护目镜和面罩，使面部和眼睛受到飞溅物伤害或灼伤，或受强光刺激，造成视力伤害。

（7）不正确戴安全帽。当发生物体坠落或头部受撞击时，造成伤害事故。

（8）在工作场所不按规定穿用劳保皮鞋，造成脚部伤害。

（9）不能正确选择和使用各类口罩、面具，不会熟练使用防毒护品，造成中毒伤害。

正确的防护方法如图5-44、图5-45所示。

实施焊接时，有眼镜、口罩、手套以及服装等的保护

图5-44　正确的防护方法（一）

图5-45 正确的防护方法（二）

5.4.8 做好交接班工作

交接班是指在倒班作业中，作业人员工作的移交和接替，以保证生产过程的连续性。

在倒班作业中，应每天及时做好交接班工作。上一班的班组长应将班中的生产情况、设备状况、安全隐患等信息正确传达给下一班的班组长，以便使下一班班组长正确掌握情况，避免出现上一班的隐患未做整改，造成下一班操作失误酿成事故。

5.4.8.1 交接班的内容

交接班的主要内容如下。

（1）交班人向下一班交代清楚当班的简要情况及下一班应该注意的问题。

（2）交班人交代清楚现场环境的安全情况。

（3）交班人交代本班设备及其他需要特别注意的问题。

（4）交班人要确认接班人清楚明白所交代的情况，且无遗漏事项后，做好当班记录和交接班记录。

（5）班组开好班后安全小结会，评讲本班安全生产情况。

（6）接班人认真检查环境、设备情况和上班运行记录，确认正常后方可开始作业。

（7）接班人作业前，对设备进行试运行，以确认安全。

5.4.8.2 交班要求

（1）交接班时间通常为15分钟。

（2）交接前，上一班必须将生产指标控制在规定范围内，消除异常情况。

（3）交接班记录填写齐全，将各种生产指标、计划完成情况、设施设备情况、事故异常情况、需要接班人员注意的情况写清楚。

（4）交接前岗位卫生清洁，工具齐全，为下一生产班组做好生产准备工作。

（5）交班人向接班人员详细解释交接班记录，并指出重点。

"三不交班"及"二不离开"的要求如图5-46所示。

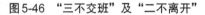

三不交班
- 出现事故未处理完不交班，否则接班人员不能及时排除故障，带病作业
- 接班人员未到岗不交班，否则形成空岗
- 接班人员没有在交接班记录上签字不交班，否则发生问题责任不清

二不离开
- 班后总结会不开不离开
- 事故分析会未开完不离开

图5-46 "三不交班"及"二不离开"

5.4.8.3 接班要求

（1）接班人员应提前10分钟到岗，留出交接时间，保证交班人员准时下班。

（2）听取交班人员解释交接班记录，检查上岗前的准备情况，各个岗位的人员要将检查情况汇总到班组长处，在记录上签字，以示交接职责。

"三不接班"的要求如图5-47所示。

三不接班
- 岗位检查不合格暂时不接班，与交班人员一起解决问题
- 出现事故未处理完不接班
- 交班人员不在现场不接班，在准备作业的同时，等候领导的安排

图5-47 "三不接班"的要求

5.4.8.4 交接班记录

交接班时双方班组长应在交接班记录本上进行签名确认。交接班记录可以设计成表格形式（见表5-11、表5-12），具体应涵盖的内容如下。

（1）生产完成情况。

(2) 设备运行情况（包括故障及排除情况）。
(3) 安全隐患及可能造成的后果。
(4) 其他应注意的事项等。

表5-11 交接班记录表

日期	年 月 日	时间	时 分
交班人		接班人	
生产完成情况			
设备运行情况			
安全隐患及可能造成的后果			
其他			

表5-12 班组现场安全管理及隐患排查交接班表

班组：　　　　　　　交班时间：　年　月　日　时　分
交班人员：　　　　　接班人员：

序号	排查内容	排查结果		隐患情况	当班处置情况	备注
		是	否			
1	设备设施、工具、附件是否有缺陷					
2	设备设施安全防护装置是否良好					
3	安全运行技术参数是否符合规定					
4	劳动防护用品是否按规定佩戴					
5	是否按操作规程作业					

续表

序号	排查内容	排查结果		隐患情况	当班处置情况	备注
		是	否			
6	作业区域的安全通道、警示标志、消防设施、危险物品等是否符合要求					
7	是否存在违章指挥、违章作业、违反劳动纪律					
8	应急措施是否落实					
9	其他					

5.4.9 开展班组安全生产巡查

安全生产巡检是指对生产过程及安全管理中可能存在的隐患、有害与危险因素、缺陷等进行查证,以确定隐患或有害与危险因素、缺陷的存在状态,以及它们转化为事故的条件,以便制定整改措施,消除隐患和有害与危险因素,确保生产安全。

5.4.9.1 为什么需要检查

进行生产的工作场所,原材料在流动,机器在运作,作业者在动作,一切流动和固定的物质以及作业者的状态都在变化。班组长对这些变化,不容易分清的问题是——把异常状态看做正常现象。班组长对异常现象需要及早发现并加以纠正而恢复正常。

工作场所由于人和物不停地动,所以机械设备、治工具等,在崭新的时候能够保持正常状态,但随着时间的推移要磨损和老化。因此,对工作场所的人和物的不安全地方和因素,需要随时和定期进行检查和提出来,并加以改进或纠正,这就是安全检查。

5.4.9.2 班组长安全检查的内容

(1) 班组成员的责任心。该项检查主要是:检查班组成员是否树立了"安全第一"的思想,安全责任心是否强;是否掌握了安全操作技能和自觉遵守安全技术操作规程以及各种安全生产制度,对于不安全的行为是否敢于纠正和制止;是否严格遵守劳动纪律,是否做到安全;是否正确、合理穿戴和使用个人防护用品、用具。

(2) 有关安全生产的方针政策和法规制度的执行情况。该项检查主要是:检查本班组是否贯彻了国家有关安全生产的方针政策和法规制度，对安全生产工作的认识是否正确；是否建立和执行了班组安全生产责任制，是否贯彻执行了安全生产"五同时"，对伤亡事故是否坚持做到了"三不放过"；特种作业人员是否经过培训、考核，凭证操作；班组的各项安全规章制度是否建立、健全，并严格贯彻执行。

（3）检查生产现场是否存在物的不安全状态。

——检查设备的安全防护装置是否良好。防护罩、防护栏（网）、保险装置、连锁装置、指示报警装置等是否齐全、灵敏有效，接地（接零）是否完好。

——检查设备、设施、工具、附件是否有缺陷。制动装置是否有效；安全间距是否符合要求；机械强度、电气线路是否老化、破损；超重吊具与绳索是否符合安全规范要求；设备是否带"病"运转和超负荷运转。

——检查易燃易爆物品和剧毒物品的储存、运输、发放和使用情况，是否严格执行了制度，通风、照明、防火等是否符合安全要求。

——检查生产作业场所和施工现场有哪些不安全因素。有无安全出口；登高扶梯、平台是否符合安全标准；产品的堆放、工具的摆放、设备的安全距离、操作者安全活动范围、电气线路的走向和距离是否符合安全要求；危险区域是否有护栏和明显标志等。

（4）检查员工在生产过程中是否存在不安全行为和不安全的操作。

——检查有无忽视安全技术操作规程的现象。比如，操作无依据、没有安全指令、人为地损坏安全装置或弃之不用；冒险进入危险场所，对运转中的机械装置进行注油、检查、修理、焊接和清扫等。

——检查有无违反劳动纪律的现象。比如，在工作时间开玩笑、打闹、精神不集中、脱岗、睡岗、串岗；滥用机械设备或车辆等。

——检查日常生产中有无误操作、误处理的现象。比如，在运输、起重、修理等作业时信号不清、警报不鸣；对重物、高温、高压、易燃、易爆物品等作了错误处理；使用了有缺陷的工具、器具、起重设备、车辆等。

——检查个人劳动防护用品的穿戴和使用情况。比如，进入工作现场是否正确穿戴防护服、帽、鞋、面具、眼镜、手套、口罩、安全带等；电工、电焊工等电气操作者是否穿戴过期绝缘防护用品、使用超期防毒面具等。

5.4.9.3 班组安全检查表

企业都有各种安全检查表，但在班组建立起安全检查表制度的还为数不多。为了能有效实施安全检查，在班组内应建立有一定格式和内容的安全检查表。

通常情况下，安全检查表中应包括检查项目或检查点、检查标准、检查结果、处理情况、检查人和检查日期。这些表格中的项目都比较好理解，班组长可结合

实际情况从这些方面考虑确定安全检查表格式,然后实施。以下提供三份班组安全检查表供参考:

(1)班组安全生产日常检查表,见表5-13。

表5-13　班组安全生产日常检查表

检查内容 \ 结果 \ 日期	___日		___日		___日		___日		___日		___日	
	上午	下午	上午	下午	上午	下午	上午	下午	上午	下午	上午	下午
机械操作员是否违反操作规程												
机械危险部位是否有安全防护装置												
机械防护装置是否安全有效												
机械设备是否有操作规程标志												
员工是否按要求佩戴防护用品												
员工是否按要求着装												
员工是否把饮食物品带入车间												
货物摆放是否整齐、平稳、不超高												
货物是否堵塞灭火器材和信道												
工作台电线、插头是否有裸露、脱落												
测试仪是否有绝缘防护												
员工工位是否被货物或台凳堵塞												
车间照明、通风、温度是否正常												
电源线路、开关掣是否正常												
危险品是否贴有中文标志												
是否用有盖压力瓶装危险液体												
危险品是否远离火源、热源												
岗位上是否放有过量的危险品												
电烙铁、风筒是否符合安全要求												
员工是否经过岗位安全培训												
员工是否违反工作纪律												

说明:请根据检查情况在"结果"栏内打"√"或"×",有问题及时整改,并作好记录,如无法整改的要立即向部门主管报告,直到问题解决为止

班组负责人:_____ 部_____组

检查人:_____ 部门安全员:_____

(2) 班组日常安全检查表，见表5-14。

表5-14 班组日常安全检查表

年　月　日（星期　　）

序号		检查内容	检查结果		检查问题记录	检查备注情况
			白班	夜班		
班前检查（上班时检查并填写记录）	1	员工是否正确穿戴劳动保护用品				
	2	员工无酒后上班，精神状态良好				
	3	环境安全、卫生，通道畅通				
	4	设备安全连锁、防护、信号、仪表监测、电气线路安全有效				
	5	设备润滑情况达到规定；紧固件、螺丝无松动				
	6	设备试运转正常完好，无异常				
	7	易燃易爆物品按规定存储放置，场所安全无危险				
	8	各类工装、工具、废品、废料等物品按要求分类整齐摆放且稳妥安全				
班中检查（工作中发现问题，完工时填写）	9	员工正确操作、使用工装、工具、设备、防护用具（品），无违反操作规程或野蛮操作以及不安全行为				
	10	员工无串岗或其他违反劳动纪律现象				
	11	生产厂所及周围环境无不安全因素或状态，各类工装、工具、废品、废料等物品按要求分类整齐摆放				
	12	员工操作设备运行正常，设备不超温、超压、超负荷运转				
	13	设备无震动、异响、异味情况，无跑、冒、滴、漏现象				
	14	特种作业人员必须持证上岗				
班后检查（交班下班时填写）	15	下班时必须做好交接工作，不留安全隐患				
	16	设备无损伤，部件完好无缺失；安全防护装置完好				
	17	按工作要求做好设备、场地清洁，分类摆放整齐各类物品，环境安全				
	18	是否关好门窗				

续表

序号	检查内容	检查结果		检查问题记录	检查备注情况
		白班	夜班		
安全隐患上报	发现何种自行整改不了的安全隐患，是否已上报部门安全员				上报给了：
检查人	白班： 夜班：				
备注	无问题在检查结果栏内打"√"，有问题在检查结果栏打"×"，并在检查问题记录写明，并进行整改，在整改情况备注栏写明整改完成情况，不能自行整改的，当班立即上报部门安全员				

（3）班组安全检查表，见表5-15。

表5-15 班组安全检查表

班组名称： 检查人： 年 月 日

检查项目	检查内容	检查情况	整改措施	整改时间	责任人	验收人	备注
班前	正确使用劳护用品（具）						
	设备设施护件护罩齐全可靠，设备设施各系统良好、正常，无漏电、漏气现象						
	安全通道保持畅通、整洁						
班中	严格遵守安全操作规程						
	无"三违"（违章指挥、违章作业、违反劳动纪律）现象发生						
班后	关闭水、电、气源及设备设施系统						
	刀头、刀架退到安全区域；各类刀、量、辅、夹具按规定摆放到规定位置						
	对设备设施各部位进行维护保养；作业环境保持清洁卫生						

注：符合项填"√"；不符合项需对查出的问题或隐患列出整改措施和时间。

5.4.10 加强生产利器的安全管理

5.4.10.1 利器的危险

利器就是在生产过程中，需要使用的、带有伤害性和危险性的器具。生产现场中常见的利器有刀片、剪刀、剪钳、缝纫针、注射针头、镊子、螺丝批、金属钩、锥子等。

利器如果不进行严格的管理，可能会导致以下问题。

（1）利器遗失。

（2）利器伤人。

（3）利器的残缺部分遗失在产品里造成事故。

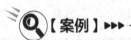【案例】▶▶▶

某制衣厂员工在缝纫一件童装时，将一枚缝纫针头断在衣服内，没有认真寻找和报告上司，导致试衣者——一个3岁小女孩在试衣时误食了此针头，后经医院及时抢救才幸免一难。

5.4.10.2 利器使用的控制

利器使用就是操作各种利器来进行生产。

（1）了解现场要用哪些利器。班组长应对自己所管理的现场需要用到哪些利器心中有数，为便于管理，可以设计一个现场利器清单来加以管理，见表5-16。

表5-16 现场利器清单

部门：　　　　　　　　　　　　　　编号：

序号	利器名称	编号	数量/只	备注

（2）利器的领取。

——由组长（或班长）在各部门的利器管理员处统一领取，并负责使用期的保管。

——上班前或需要使用利器时，员工须向所在部门的组长领取，并记录于"利器收发记录表"（见表5-17），员工自行保管。员工辞职后须将利器交回本部门班长处，班长仔细核对利器是否完整。

表5-17 利器收发记录表

部门：　　　　　日期：　　　　　利器管理员：

利器名称编号	上午（数量）			下午（数量）			加班（数量）			利器损坏及遗失状况
	发出	回收	使用者	发出	回收	使用者	发出	回收	使用者	
利器种类：A——剪钳；B——剪刀；C——刀片；D——缝纫针；E——注射器和针头；F——镊子；G——螺丝批；H——金属钩、锥子										

（3）利器的使用管理。

——安装好利器的固定绳和固定环，使用时要求固定在物体上（如用绳索绑在工作台上）。

——利器只能由指定的人员在指定的空间范围内使用，严格按有关规定方法及步骤使用。

——任何使用利器的工人如需离开车间，必须向班长交回所使用的利器。

——缩小利器流通范围，禁止任何有锋利刀口的器械流入车间，严禁使用规定以外的利器。

——成品包装车间不允许使用利器。

——班组长每两小时对现场使用的利器进行监督、巡查，巡查内容包括利器是否符合认可的规格、捆绑方式，利器是否断裂、生锈。见表5-18。

表5-18 利器巡查记录表

序号	时间	利器编号	利器名称	使用部门	巡查记录			备注	巡查人
					违规使用：√ or ×	是否损坏：√ or ×	收发记录：√ or ×		

注：1.每天巡查时，抽查利器数量应≥15件；若使用中利器数量不足15件，则全数检查。

2.不定时抽查，如实记录；若发现异常情况，且较严重时（如利器有残缺且无记录），应立即上报。

5.4.10.3 利器的更换

更换就是当利器出现问题如不利、生锈、断裂等时，要立即报告班组长，将有问题的更换掉，领取好的。

当利器断裂时，工人必须立即将断的利器用胶纸粘在一起完整地交回班组长，班组长每3天将需要更换的利器交部门主管审查批准后，再交由利器管理员进行更换，同时须填写"利器更换记录表"（见表5-19），利器管理员将废弃的利器收集于专用筒内。

表5-19 利器更换记录表

部门：　　　　　　　　　　更换日期：　　　　　　　　　　编号：

日期	利器名称	利器编号	数量/只	利器状态描述	断片记录

主管：

5.4.10.4 利器的遗失及回收管理

遗失就是丢了、不见了。回收就是将利器收回来。

利器有遗失时，必须要找回，如找不到须将现场生产的产品隔离查找，直至找到为止，并追究有关人员责任。

利器更换或收回时，如果有折断或破碎情况，必须要收集所有破损部分，如破损部分未收回则应对产品进行隔离。事发现场主管组织和监督本车间先进行人人自检，力求追回破损部分利器，如果未追回，所有产品必须返工，直到找到为止，并追究有关人员责任。每月将收集的破损利器统一处理。